舆商

企业如何应对舆论

艾学蛟◎著

浙江大学出版社

目 录

前 言

舆商：商业逻辑中的新元素 | 001

第一章

舆商：企业的生存智慧

舆论的力量 | 003

网舆沸腾：欢迎进入"我"的地盘 | 008

舆商：独一无二的进攻优势 | 012

舆商基因 | 017

第二章

众口铄金：舆"伤"

遭遇"金庸式假死" | 025

网络狂欢的伤害 | 032

不理性的大众情绪 | 035

"以危化危"模式的普遍性 | 040

对手"作恶"：别人倒霉，自己发财 | 044

企业家口碑大泡泡：弄巧成拙 | 051

产品口碑大泡泡：搬起石头砸自己的脚 | 056

第三章
低舆商的覆舟效应

口无遮拦的"窄门原理" | 060

千篇一律的盾牌：当失声与嘴硬沦为泛滥 | 064

与媒体斗，灰头土脸 | 068

花钱堵不住舆论洪流 | 074

第四章
高舆商的载舟效应

企业家金玉良言的晕轮效应 | 079

塑造良性品牌的软武器 | 085

字里行间的利润游戏 | 090

危机切割中的"四两拨千斤" | 094

第五章
舆论场的刺猬：
锋芒藏与露的时机

顺"势"而行：美国总统奥巴马的经验 | 101

低调有时，高调有时 | 107

沉默，是谁的金子 | 113

自己的面子，公众的面子 | 118

第六章

合适的语境表达主体

"第一把手"的以一敌百 | 125

坚持口径一致 | 132

大师已死，谁是意见领袖 | 136

借势政府 | 142

第七章

撬动舆论风暴的支点

媒体博弈的四大原则 | 147

记者：来的都是客 | 154

小心，祸从口出！| 159

企业家的微博时代 | 162

微博中的淘金游戏与危机管理 | 168

第八章

成功的对话范式

简单直白的坦诚 | 177

有的放矢的聚焦 | 182

眼泪能值多少钱？| 189

"切割法"的安全阀作用 | 196

离经叛道是一门艺术 | 202

与政治保持不温不火的距离 | 208

后 记

提高舆商，也是政府的必修课 | 216

前言　舆商：商业逻辑中的新元素

"如今我们归来，一切都将不同。"

日子充满变数，儒学大师梁漱溟的追问"这个世界会好吗？"，至今未有确定的答案。然而，可以确定的是，我们的世界，尤其是舆论场，变化得太快了。

故事，从一位年轻的美国小伙子说起。

26 岁的脸谱网（Facebook）创始人马克·扎克伯格，成为《时代周刊》2010 年的年度人物，获奖理由是他"完成了一项此前人类从未尝试过的任务：将全球 5 亿多人口联系在一起，并建立起社交关系"。当这个穿着咖啡色连帽衫和松垮牛仔裤的腼腆男孩来到中国时，他同样受到了热捧，并见到了中国四大 IT 巨头——百度的李彦宏、中国移动的王建宙、新浪的曹国伟和阿里巴巴的马云。

历数以往《时代周刊》的年度人物，有美联储主席本·伯南克、美国总统巴拉克·奥巴马、微软总裁比尔·盖茨、美国士兵等，他们要么是政界要员，要么是财富大亨，要么是一股作出特殊贡献的巨大群体力量。总之，这么一个年纪轻轻而又资历不深的年轻人登上年度人物的耀眼宝座，多少有些令人吃惊。

可是，谁让我们生活在一个信息化时代？谁让这个小伙子"将全球 5 亿多人口联系在一起，并建立起社交关系"，为未来的创富提供了无限的可能性呢？

的确，我们生活在一个传播更为快捷，信息也更为错综复杂的社会。

互联网技术不仅让这个世界变得扁平，还创造出了一个拥有一定秩序与精神的虚拟国度。信息流、人流以及资金流在这个虚拟世界中流动，并变得日益充盈。而且，虚拟世界越来越穿透现实的屏障，与现实世界接轨，挑战着传统的社会秩序。

舆论大潮此起彼伏，个人与企业的命运随之跌宕，兴衰荣辱也在沉浮间交替轮换。

企业家如果还在固守经营、市场、环境这样的三维视角，忽视舆论这第四个迅速崛起并在未来还会急剧膨胀的维度，那么，他可能会输得一败涂地。

在舆论奔流的背景下，企业家或企业必须拥有进退得当的舆论博弈能力。

第一，要学会借舆论之势行商业之事。

舆论的放大镜效应，使得企业品牌塑造的时间一再压缩，而空间延伸的广度也很容易覆盖到整个地球村。而且，企业顽强的生命力与无孔不入的生存法则，在舆论场上仍然适用。所以，企业应该学会从社会媒体中寻找合适的支点，以最快的速度占据舆论先机。不要等到多年后，才幡然醒悟，对当初明显落后于时代的思维感到后悔。

第二，还要懂得小心翼翼避开舆伤的雷区。

社会化媒介的发展，使得越来越多的表达权力掌握在普通公众手中。在民间权力稀缺的时代，一旦权力向群众倾斜，"权力暴富者"往往会无所适从，不知该如何使用这些权力。于是，难免会出现权力的错位。《叫魂·1768年中国妖术大恐慌》对人们骤然获得权力的心态有着入木三分的解释："对任何受到横暴的族人和贪婪的债主逼迫的人来说，这一权力为他们提供了某种解脱；对害怕受到迫害的人，它提供了一块盾牌；对想得到好处的人，它提供了一种奖赏；对妒忌者，它是一种补偿；对恶棍，它是一种力量；对虐待狂，它则是一种乐趣……"至今，在仇富情结尚未真正消失的情况下，骤然放大的舆论表达权，难免会给企业带来舆伤。

一方面，企业家要洁身自好，不留被舆论"灼伤"的机会。因为，在大部分时间里，公众依靠企业家的言行来判断企业家的道德生态，而公众又会根据企业家的道德生态来判断，到底该对企业用脚还是用手投票。因此，企业家说出什么样的"金玉良言"，至关重要。

另一方面，当舆伤汹涌而至，企业家要学会纵横捭阖，正确引导舆论为己所用，甚至化危为机。

套用管理学宗师彼得·德鲁克的一句话："新媒体的涤荡正在摧毁和扫除那些对新生力量无招架之力的、因缺乏工业生活背景或习惯而丝毫不能缓解这股冲击势力的社会和文明。"

夜正长，路也长，企业和企业家更需携带舆商这股新生内在力量上路。

第一章
舆商：企业的生存智慧

◆ 舆论的力量

◆ 网舆沸腾：欢迎进入"我"的地盘

◆ 舆商：独一无二的进攻优势

◆ 舆商基因

舆论的力量

> "这是一个公众的时代，是各种公众的时代……每一个公众都有激励它的人，这个人就是创造这个公众的人……新闻业真正的来临，也就是真正公众的来临。"
>
> ——法国社会心理学家 G. 塔尔德

故事，从 2009 年的甲型（H1N1）流感开始。

这个曾经被冠名为"猪流感"，将无辜的猪牵扯进来的疾病，最终被世界卫生组织平反，换用学名"A（H1N1）型流感"，中国也改口称之为甲型（H1N1）流感，因而挽救了中国经济。

当全球还在金融危机的泥沼中挣扎之时，"猪流感"来了，世界禁声一片。当猪被贴上"流感"的标签后，便成了过街老鼠——人人喊打。猪肉价格应声大跌，甚至卖出了白菜价。国人不禁开始担忧，"猪流感"会不会给中国经济带来更多的危机？

事实上，"猪流感"与猪无关，猪才是此次全球性危机事件的冤大头。所幸，2009 年 4 月 30 号，世界卫生组织为"猪流感"平反，宣布将停用"猪流感"这一称呼，而换用学名"A（H1N1）型流感"，猪终于与"猪流感"撇清了关系。世界卫生组织的平反活动，不仅恢复了猪的"声誉"，也拯救了中国经济。

在中国的 CPI 指数里，猪肉往往扮演着"牵一发而动全身"的关键角色。猪肉是中国人餐桌上每天不可缺少的食物，中国既是猪肉的生产大国，也是猪肉的消费大国。因此，猪肉价格的大幅波动必然牵动着全国食品价格，进而影响着中国的物价指数。2007 年到 2008 年年初，猪肉价格一直充当着拉动 CPI 指数飞涨的排头兵。

受全球经济危机影响，原本过热的中国经济渐渐趋冷，中国的 CPI 指数也开始走低，出现通货紧缩的迹象。如果"猪流感"继续让猪充当替罪羊，公众会因恐惧心理减少对猪肉的消费，猪肉需求会受到抑制，猪肉价格将大幅下滑，猪农以及养猪场会大量杀猪，随着养猪数量的减少，又会造成猪肉价格的大幅度上涨，从而带动物价的持续走高，引发通货膨胀。经济增长停滞与通货膨胀并存，出现滞胀，这才是对中国经济最可怕的威胁，是中国政府最不愿看到的现象。

然而，在猪即将大量被杀的危急关头，世界卫生组织为"猪流感"更名了，这终于消除了公众对猪肉的恐惧，猪肉消费开始恢复正常，猪肉价格渐趋稳定，从而避免了因猪肉价格波动给中国经济带来的威胁。所以说，关键时刻，是"猪流感"的更名在一定程度上拉动了中国的经济。

如果将""猪流感"更名"放在中国的经济版图中，恐怕连沧海一粟也算不上。然而，在这个量子式跃进的时代，舆论越来越成为撬动公众情绪和力量的支点，四两拨千斤的事情时有发生。"猪流感"就扮演了这样的角色。

随着第三次信息浪潮席卷而来，信息骤然以爆炸的态势呈现在我们面前。喧嚣的媒体话语，依靠在社会中具有独特优势的信息，扭转着大到世界、中到组织与企业、小到个人的悲喜乾坤。

与看得见、摸得着的事物相比，无色、无味、无形的舆论，表达的是公众对某一事物、现象、问题的态度、意见和价值观，具有一定的持续性和一致性。然而，由于传播渠道、传播主体的局限性，舆论传播也会出现碎片化、非理性等负面特征。

媒体是舆论的载体，公众则是舆论的主体。公众具有异质性强、分散等特点。他们通过媒体获知对某一人物、事件或问题的信息，并通过媒体表达对某一人物、事件或问题的态度。

"通过完善的交通工具和远距离瞬间的思想传输，各种公众得到了无限延伸的可行性。"信息"地球村"的出现，打破了信息传播的地域限制，提高了舆论动员的效率。而且，大部分公众以传播信息的媒介身份出现时，往往是隐形和匿名的，这就决定了当某些社会负面信息出现时，社会舆论更倾向于毫无顾忌地揭露与指责。当然，也有人会趁机煽风点火，不负责任地歪曲事实。因而，舆论的现实性、功利性、急迫性、匿名性以及无孔不入性，使得舆论具备隐蔽、强大和强制的力量。一方面，它通过集体意识规范个体；另一方面，它也具有鼓励性、煽动性和破坏性。

塔尔德告诫人们，不能对舆论掉以轻心，"它像清风一样飘忽、短暂、扩张，总是像理性一样努力扩张到国界之外。没有一个全民的制度能够阻挡舆论间歇性地进攻；没有任何人的判断不在它的威胁或要求面前战战兢兢、结结巴巴"。在强大的舆论场面前，有时甚至连政府部门都束手无策。企业一旦陷入舆论漩涡，也同样会面临危机，轻则伤筋动骨，重则元气大伤。

2010 年 12 月 23 日，中央电视台《焦点访谈》栏目曝光了国内著名葡萄酒产地——河北省昌黎县的葡萄酒造假情况：

在昌黎县更好酒业公司，记者看到了这种出厂价才五块钱一瓶的葡萄酒。下面一段暗访对话生动地描述了假酒生产过程中的猫腻。

销售经理：我这儿是30元一件。

记者：30元一件？

销售经理：合5块钱一瓶。

记者：是不是全汁啊？

销售经理：最低档的不是全汁。我们灌的汁是水多酒少。

记者：酒汁少，这个酒汁能占百分之五十？

销售经理：占不上。

记者：大概占百分之多少？

销售经理：占百分之二十差不多，百分之二十汁。

记者：其他的是啥呢？

销售经理：其他的是水呗。

记者：那颜色怎么弄呢？颜色不淡了吗？

销售经理：颜色用色素嘛。

记者：那味怎么弄？

销售经理：味嘛，要加辅料，全靠辅料调呗。

自此，整个昌黎产区陷入一场"行业地震"。事实上，昌黎产区由于气候和土壤适宜，是酿造葡萄酒的优秀产区，被誉为"中国干红城"、"东方的波尔多"。尽管昌黎地区的确存在"更好"、"嘉华"、"韩愈"等企业的造假现象，但也有不少优秀的葡萄酒企业。

然而，昌黎形成造假产业链的报道一出，消费者开始对所有产自昌黎的葡萄酒表示质疑，大量来自昌黎的葡萄酒下架。昌黎产地的葡萄酒萎靡不振，不但厂家发愁，销售代理商发愁，连昌黎当地的葡萄种植者也忧心忡忡，不知道来年是否应该继续种植葡萄。

　　法国的历史学家托克维尔在《论美国的民主》中谈道："枪炮的发明使奴隶和贵族得以在战场上平等对峙，印刷术为各阶层的人们打开了同样的信息之门，邮差把知识一视同仁地送到茅屋和宫殿前。"今天，舆论的力量已经强大到令人震撼的程度。如果谁忽视这股力量，无疑，他的路将越走越黑。

网舆沸腾：欢迎进入"我"的地盘

与传统媒体相比，网络舆论的传播性、自由性是空前的。

2005 年 12 月，导演陈凯歌的作品《无极》上映。这部被陈凯歌自称为之倾注大量心血和精力的作品，本意是要渲染诗画意境，以美轮美奂的剧情表达"东方无极世界中的爱恨情仇"。有不少媒体，也毫不掩饰地表达对陈凯歌的赞美，称《无极》是陈凯歌的华丽转身。

然而，影片公映后不久，一个名叫胡戈的年轻人制作并在网络上发布了一段名为《一个馒头引发的血案》的视频，对《无极》进行了恶搞和讽刺。这部无心插柳的恶搞作品，在网上受到了成千上万网民的热捧。陈凯歌感到很愤怒和激动，曾评论说："我觉得人不能无耻到这样的地步。"他无法容忍这么一个"无耻"的人，将他苦心诠释的"3000 年前之未来"的形而上的爱情，活生生地绑在一个馒头上。陈凯歌要求："我们一定要就这个问题解决到底！"

自认为受到奇耻大辱的陈凯歌准备与胡戈对簿公堂，但陈凯歌此举并未得到网民的支持。相反，网民纷纷表示力挺胡戈，一些公众人物也认为，陈凯歌的行为不妥，还劝他学会敬畏公众，不能太霸道。

在陈凯歌看来，《无极》与《一个馒头引发的血案》相隔十万八千里，在艺术造诣上，两者更是不可同日而语。但是，网友并不买陈凯歌阳春白雪的账，硬是要把《无极》与《一个馒头引发的血案》相提并论，两者的距离或许只是咫尺之遥。网络舆论，已远远超出陈凯歌的个人控制力。这次事件，也让陈凯歌的个人声誉一落千丈。

网络的力量是强大的，它有着广泛的传播团体和无孔不入的传播渠道，以及相对自由的言论权，能让一个年轻人对电影的颠覆性恶搞信息无限传播。以互联网为载体的大众传播媒介，形成了分散型的信息交流机构，每个人都具有信息优先获得权以及选择发布权。人们可以通过门户网站、网络论坛、即时通讯、博客以及微博等多元化的网络传播渠道，自由获取信息和传播信息。在网络中，人人都是信息传播者、监督者和发号施令者。一旦信息在网上被公布于众，成为网络焦点，该事件便会从个人事件或区域性事件陡升为全国性事件，事件的影响力也会以迅雷之势扩散。这就是网络的蝴蝶效应。

蝴蝶效应由气象学家洛伦兹于1963年提出，其大意为：一只南美洲亚马逊河流域热带雨林中的蝴蝶，偶尔扇动几下翅膀，在两周后可能会在美国德克萨斯引起一场龙卷风。其原因是，当蝴蝶的翅膀振动时，会导致其身边的空气系统发生变化，并引起微弱气流的产生，而微弱气流的产生又会引起它四周空气或其他系统产生相应的变化，由此引起连锁反应，最终导致其他系统的巨变。在一个合适的地点，配之以合适的环境，一个微小的改变就可能引发大变革，互联网就拥有这样的力量。

网络不仅影响深远,覆盖面广,还具有一定独立的话语权。它也能聚集民意,蔑视专家与权威的力量。乔治·奥威尔在政治寓言小说《一九八四》中谈道:"谁控制了现在,谁就控制了历史,控制了将来。"互联网的无限延伸性,使得其能将过往、现在和将来浓缩在一起。

2006 年,《Business2.0》提出,在新经济时代最具影响力的 50 位人物是谁? 位于名单之首的是"你,作为消费者的上帝":

你——由成千上万的网民组成的集体智慧,被网络连接起来的你——不断地筛选和创造新的内容和形式,突出有用的、相关的和有趣的内容,放弃无用的、无关的和枯燥的信息……在每件事中,你都是联合起来的、相互影响的、具有自我管理和自我娱乐精神的众多观众中的一名骨干成员。

是的,就是你。你操纵着时代信息,欢迎进入你的地盘。

对中国发生的几乎每件大事,网络舆论都以最快的速度响应,并且在一定程度上影响事件的进展与决策。

作为社会的重要元素——企业,也同样置身于网络这个巨大的信息池内。快速的信息传播与交流速度以及大量民意的聚集,正日益瓦解着企业传统的生存空间。站在信息快车道上的企业,正面临着史无前例的机遇与挑战。

一个微小的良性机制,如果能得到顺势引导、调节,将会产生轰动效应,实现机制的良性运行。传统口舌相传的方式迅速退出舞台,取而代之的是以网络为载体的新式企业形象造势。

一个刚刚当了妈妈的女性,可能会通过博客、微博、论坛等,发现有 10 位她现实生活中的朋友或网友,都买了同一品牌的婴儿沐浴露,而且评价很高。她会毫不犹豫地跟风购买这一品牌的沐浴露。埃瑞克·奎尔曼在《颠覆——社会化媒体改变世界》中兴奋地感慨："今时不同往日，成功不再依赖麦迪逊大街（美国广告商业中心）、皇室宗亲或垄断经销，而是靠信息在社交关系网中的简单与迅速传播。如今，最终能够胜出的是好的产品与服务——也就是说，最终获胜的是消费者。"

舆商：独一无二的进攻优势

2008年汶川大地震发生后，有不少企业家或企业由于出言不逊或捐款过少，而被媒体或网友"封杀"。王老吉也遭到"封杀"，不过此"封杀"非彼"封杀"。

一个名为"封杀王老吉"的帖子在百度贴吧发出，3小时内转发数量迅速超过14万，几乎遍及国内所有的知名社区网站与论坛。网友号召"生产罐装王老吉的加多宝公司向地震灾区捐款1亿元，这是迄今为止国内民营企业单笔捐款的最高纪录。为了'整治'这个嚣张的企业，买光超市内的王老吉，上一罐买一罐"，"让它从大家面前彻底消失！"大家对待王老吉的态度是，购买王老吉，直到王老吉断货。

在汶川大地震给人们带来了世纪悲恸，社会都在高奏"捐款越多越好"的爱心之歌时，最明智的做法是顺风飞扬。2008年5月18日晚，在央视举办的"爱的奉献——2008抗震救灾募捐晚会"中，中国饮料业巨头罐装王老吉1亿元人民币的国内单笔最高捐款，不仅体现了王老吉的爱心，更是把王老吉推上了民营慈善大使的神坛。有媒体如此激动地评论："祖国内地单笔捐款首现1亿元，如凤凰涅槃般的高尚民族情结感动着今时今日的每一个中国人，所有参与其中的人都经历了一场刻骨铭心的道德纯净之旅。"

王老吉通过大手笔地慈善赈灾，不仅让消费者看到了一个负责任的企业形象，更是使王老吉的知名度和美誉度都得到了提升，从而得到消费者的"力挺"。而且，消费者的舆论支持，很容易会转化为实际行动。这是因为，王老吉在市场随处可见，单罐的价格也不高，经济再困难的消费者，咬咬牙都能买几罐王老吉。当全民掀起"封杀"王老吉的浪潮时，也就有了产品一上架就被抢购一空的销售奇迹。多加宝捐款1亿元可谓是一箭三雕：既奉献了爱心，又为品牌镀了金，此外销售业绩飙升，企业利润可观。

王老吉借汶川地震引发的企业慈善风潮，好好地"秀"了一把。从传统舆论到民间舆论群起而"捧"之。这恰恰证明了王老吉很擅长利用舆论工具，其"舆商"，即与社会舆论周旋博弈的智慧，不容小觑。

舆论为王的时代不仅将舆论置于"无冕之王"的境地，也使企业与社会舆论的关系已演绎为唇齿相依。

与企业的其他生存环境如市场环境、政策环境相比，社会舆论环境的稳定性最差。网络融合了传统媒体、现代媒体等多重因素，信息的传播速度几乎已经跨越了时间的滞后性，而匿名性，又使得现代社会舆论的创新性与批判性十足。一个人偷偷摸摸在网上扔一个靶子，就有成千上万个网民理直气壮地打着"爱国主义"、"民族主义"、"道德主义"以及"真理主义"等形形色色的旗号，进行执著、连续和声势浩大的讨伐，被当做靶子的企业则瞬间陷入舆论风波之中。

而且，舆论工具发展越突飞猛进，企业面临的外部舆论环境就越具有突变性强、影响力大等特点。面对波诡云谲的舆论环境，如果企业家不管"风声雨声读书声"，均抱以"两耳不闻天下事"的态度，一味低头拉车，那么他们不仅会削弱企业本身的优势，还有可能导致企业陷入舆论危机。

首先，社会舆论已成为企业提高竞争力的重要手段。

经过30多年改革开放的积累，中国已形成了比较成熟的商业格局，最初的混沌状态一去不复返，走街串巷式的口碑效应也不可能再复制，企业进入了全面商业竞争的时代。

改革开放之初，温州平阳的一位农妇，看到家乡人外出收购兔毛能赚钱，就决定也出门一试。一不识字、二不会说普通话的她在口袋里装了两张纸条，一张写着：我是温州平阳人，请帮我买车票。另一张写着：我要收购兔毛，每斤多少钱？凭着这两张纸条，老太太走遍了大半个中国，成了万元户。今天，这样的赚钱方式，几乎已经成了传说。

在不得不以产品、质量、价格、服务、成本、产品差异、市场分割等方式击败竞争者，又必须以专利、产品渠道、仿冒、垄断等手段占领市场时，企业势必会陷入前所未有惨烈的"血腥竞争的红海"。在商业红海中，如果企业悄无声息，那么"闷声"发的就不是大财，而是被市场遗忘的凄凉。再醇厚再香气逼人的酒，如果巷子太深，也会被市场边缘化。央视的标王一年比一年出手阔绰，2011年央视广告招标总额达126亿元，夺得标王的美的集团不知要卖多少台空调和微波炉，才能将夺标的钱挣回来。虽然标王价格高得令人咋舌，众企业仍是前赴后继。归根到底，是"标王"背后的社会舆论效应引发的品牌知名度以及市场空间的拓宽对企业具有吸引力。

企业可以通过与社会舆论的正面互动，向人们传递与企业相关的正面信息，比如企业提供的产品和服务是优质的，企业家具有优秀的企业家精神，企业家及企业具有强烈的社会责任感等。不间断的、持续的良性互动能够固化企业在社会中的正面形象，为企业品牌镀金。而正向的品牌效应，也会刺激消费者的购买力,提高该企业的产品或服务在市场上的占有率。

其次,随着社会舆论对企业的监督功能日益增强,企业需懂得与社会舆论打交道的艺术。

无论是传统媒体还是网络媒体,都得罪不起。

媒体就是王道,没理也要让三分。对此,前雀巢公司董事长茂赫感触很深:"传播媒体对一家公司形象的影响相当可观,不仅会影响消费者和公司外的人,也会影响公司内的员工。因为当报纸上有我的报道时,看到报道的员工恐怕比平时读我写给公司内部人员看的公文公告的人还多。"

即使是财大气粗的大象,也要学会与媒体共舞,气急败坏、强硬打压只能催化负面舆论的蔓延。永远不要低估媒体的感召力和权威性。当媒体报道某一事件,在读者心中,它就在报道事实真相,即使事实并非如此,第一印象也已经形成。从企业的角度看媒体,它们作为一个利益群体,彼此之间也有市场占有率的竞争。因此,企业要忍受它们为了自身利益而做出的各种行为,从喋喋不休、刨根问底的报道,到从钥匙孔里偷窥一切的嗜好。

一旦媒体将事端"挑起",公众的参与热情便会扑面而来。与传统媒体惯用的炒作"伎俩"——记者暗访、知情人透露相比,民间传播与交流信息的方式更是五花八门,"黑道"与"白道"双管齐下,人肉搜索、知情人爆料一齐上阵。

瞬间,企业就会陷入舆论的汪洋大海。船小的,未必好调头,一个浪头打过来,连周旋的余地也没有;船大的,也会遭遇危机,船大,受创面也大。

"一个新的文明正在我们生活中成形,而到处都有盲目的人企图压制它,这个新文明带来的新的家庭形态,改变了我们的工作、感情和生活的方式,带来了新经济、新政治冲突,形成了不同的意识形态。今天存在着许多新文明的断片,数以百万计的人已经把今天的生活步调调整成明日的节奏,其他人却被未来吓坏了,他们绝望地转向过去,企图重新回到赋予他们生命的垂死世界里去。"这是阿尔文·托夫勒在《第三次浪潮》中对人们的告诫。

"众口铄金"的故事已经从真实的村落扩延到"地球村"。在这个时空与伦理道德边界逐渐模糊的时代，企业不能以"自闭"的方式释放他们对信息过度透明的厌恶、抵触、焦虑以及倦怠，这样做只能抑制"舆伤"的愈合。此时，提高舆商，或许是在这个"舆情"沸腾的环境中最为有力的优势。

舆商基因

英国女作家弗吉尼亚·伍尔夫曾经断言："1910 年 12 月，或者说 1910 年 12 月前后，人类的性格发生了变化。"

后来的事实证明，伍尔夫在当时貌似石破天惊的妄语，是被现实印证的预言。

"每一代人都需要一次新的革命。"我们正生活在一个企业家社会。

改革开放以来 30 多年的岁月，把中国企业家请了回来，而那些一度消失或根本不存在的无形生产因素也逐渐因为实体的活跃而复活和抽出新的嫩芽，民营企业家新的伦理精神逐渐形成。在当企业家裹挟着强大的商业力量破土而出，并势不可当时，他们形成了自己的性格：激情十足、敢闯敢冲、擅长学习、时常突破市场契约。

然而，一个群体的集体性格，往往会被打上时代的烙印。企业家即便有财富开道,也难逃出自己的历史情境。时代的养分,还不足以让这个年轻的企业家群体一夜长大。在这个"桑田沧海的巨变,或许只是一刹那"的社会,企业家群体需不断蜕变,衍生出更多的生存基因。随着社会舆论逐渐成为企业不可或缺的外部环境,舆商基因已成为企业家必备的生存智慧。舆商,同企业家的智商、财商、情商一起构成了企业家精神。

舆商,指的是个人及组织(企业、政府等)与社会舆论的博弈能力,其中包括巧妙应对媒体与公众提问、发表自身观点、优化企业与社会舆论关系的智慧与能力。从定义看,舆商并不是企业或企业家的专属智慧,其他组织(如政府)也同样需具备舆商。

舆商主要分为两方面:

第一,个人与组织(企业、政府等)顺应当前爆炸式信息社会的特点,学会借力打力,巧妙利用传统媒体、网络媒体以及现实空间人们自发的口碑相传等信息传播媒介,放大其正面优势,提高其品牌的知名度和影响力。此时,社会舆论充当的是引发个人与组织(企业、政府等)品牌"晕轮效应"的催化剂角色。

从企业家或企业角度来看,他们"借势造势"的舆论智慧,几乎与中国商业同时起步,其发展历程也是一波三折,"摸着石头过河",经历着不断地蜕变、转型与"试错"。

改革开放初期的舆论借力,偏重于原始的口碑相传和地毯式轰炸,并附带一些狡黠的伎俩,充满了野蛮品性。

1987 年,在杭州一个不起眼的街巷里,47 岁的宗庆后获得了浙江医药大学一位教授研制出的一种儿童营养液配方,其原料为桂圆肉、红枣、山楂和莲子。随后,宗庆后的娃哈哈以广告词"喝了娃哈哈,吃饭就是香"红遍大江南北。到 1990 年,娃哈哈的销售额达到 1 亿元。让宗庆后获得空前胜利的,并非娃哈哈的原料配方有多么出其不意,而在于宗庆后排山倒海式的广告轰炸。那些对娃哈哈没有兴趣的公司,也被宗庆后略施小技俘虏——宗庆后躲在小旅馆中,按照当地的黄页电话簿,给当地的商场、百货公司和经销公司打电话,他只问一个问题——你那里卖娃哈哈营养液吗? 没多久,当地的经销公司就会挖地三尺般寻找这个之前从来没有听说过的公司。

创业初期,产品的市场竞争力较弱,企业强力切入,靠强打硬拼及管理者个人魅力,显示生猛霸道之气,余威所及,皆尽慨然,企业完成从低位到高端的初级蜕变。但草莽终究日暮途穷,市场格局已定,竞争加剧,此种战略路径已不能提供动力,企业徘徊原位。

随着商业环境以及社会舆论环境的不断成熟,企业家的舆论造势也逐渐系统化与规范化。而舆论造势方式也学会讨巧,逐渐改变以往密集式的作战方法,借助"天时,地利,人和",尽量以最小的舆论成本获得最大的造势效果。汶川大地震期间,王老吉被"封杀"即是证明。

不仅是企业的舆论处理能力在进步,政府在舆论应用上也更趋于公开与透明。汶川大地震发生时,中央电视台等权威媒体不约而同把报道汶川大地震灾情作为第一要务。不但国内媒体可以自由报道,中国政府同样欢迎国外媒体的深度报道。媒体和记者被赋予很大的自由,可以对灾区的各个角落进行播报,也可以对领导者提出尖锐甚至刻薄的问题。

各大媒体,尤其是中央媒体对灾情及救灾状况客观正确的报道,既保证了公众对汶川大地震的知情权,也为相关部门做出正确的决策提供了重要依据。同时,信息的透明化也让全国人民看到了一个负责任、敢担当的人性政府。

第二,个人或组织(企业、政府等)利用舆论,成功化解危机,甚至转危为机。舆论成为个人或组织(企业、政府等)进行危机管理的"安全阀"。

生存的欲望再加上成长的希望,构成了企业起跑的原动力,但精彩的起跑并不等于会有圆满的句号。有很多企业,在生存与寿命期限中辗转,意欲缔造百年老店的神话、成就基业长青的传奇。然而,危机,却成为企业家与企业的成长瓶颈:发迹于"制度滞后行为"的经济萌芽期,却顶着原罪的帽子在法律、制度的空白地带游走,原本小心翼翼的擦边球成了原罪的元凶;他们富可敌国,在富豪榜上闪耀夺目,却在"大富骄横,以暴制暴"的富豪法则中栽了跟头;他们纵横捭阖,驰骋疆场,却一脚迈进多元化、并购的陷阱,最终画地为牢,中了自己的圈套;由于企业家个人的一句不合时宜的话,"祸从口出",企业家和企业灰头土脸,陷入社会舆论的集体讨伐,使得消费者在产品市场及资本市场上用脚投票;社会舆论中突然出现有关企业家个人或企业的负面消息,负面消息被以迅雷之势转载……

同样,政府也面临着多重考验。今天的我们,政治与经济体制变革经过"摸着石头过河"的尝试,开始走向深水区。我们不得不承认,绝大多数变革都不可能是帕累托式改进,会有得利者,也会有失利者,得利与失利的斡旋与博弈,往往滋生种种矛盾与冲突。而且,中国公众越来越趋向理性,渴望自由与民主。同时,游离于人力之外的自然灾害,会在不经意的时候不期而至。多种因素交织,致使危机以空前迅猛的姿态向社会渗透,考验着公共服务提供者——政府的危机处理力。

危机处理中有一种减法,100 减 1 等于 0。看似荒谬,实则放之四海而皆准:一只小小的蝴蝶能够引发大洋彼岸的风暴,一根细细的手指能够推倒一大片多米诺骨牌,一颗小小的石子可以激起无数涟漪……即使 99 件事都做得天衣无缝,但有一件事情做错了,就有可能满盘皆输。

舆商固然不能保证个人及组织(企业、政府等)所有的问题都迎刃而解,但当他们面临危机时,能否干净利索地处理危机,则与舆商息息相关。他们出现危机,公众与媒体质疑声不断。要不要发声,是坚持沉默是金还是坦诚相见?如果坦诚相见,谁出面与公众沟通?沟通的媒介是什么?是说明真相还是隐瞒真相?如果企业家或政府官员舆商过低,无法在合适的时间、场合将合适的信息披露出去,企业或政府就会陷入更为被动的地位,招致更大的危机。

更何况,有些危机就是由舆论本身引起的。这时,更需"以其人之道还治其人之身"。

尼采说:"一个更富于阳刚之气的,再度把勇气视为荣誉的时代急需大批做好准备的、勇于任事的人。他们将是沉默、孤独、果决、不求闻达、坚持到底的人;他们具有爽朗、忍耐、简朴、蔑视虚荣的个性。"对于个人或组织(企业、政府等),仅具有这些素质还不够,他们需要有游刃有余的处理社会舆论的智慧,而恰当的高调与适宜的低调,也会转化为巨大的正向力量。这,就是"舆"商。

第二章
众口铄金：舆"伤"

◆ 遭遇"金庸式假死"

◆ 网络狂欢的伤害

◆ 不理性的大众情绪

◆ "以危化危"模式的普遍性

◆ 对手"作恶"：别人倒霉，自己发财

遭遇"金庸式假死"

2010 年 12 月 6 日晚，一则"金庸因中脑炎合并胼胝体积水于今日 19 时 07 分在香港尖沙咀圣玛利亚医院去世"的消息被疯狂转载。后被证实，此新闻为假。《中国新闻周刊》因在官方微博"负责任"地传播这则假消息，该杂志副总编及多名工作人员因此引咎辞职。

金庸假死正是广大网民与某些主流媒体进行的一场出格的"娱乐狂欢"。某位不负责的网民散布出"幼稚的婴儿语言"，不明真相的人们因为该事件的主角是大名鼎鼎的武侠小说作家金庸，就不断围观和传播这则假消息。《中国新闻周刊》的工作人员没有经过证实，就稀里糊涂转载了这则网民"自娱自乐"的假新闻。

对于"假死"，不少名人尤其是娱乐明星，早已见怪不怪。每隔几天，就会冒出"车祸死"、"自杀死"、"生病死"等假新闻。事实上，不但名人会遭遇

"假死"的围追堵截，企业和企业家也会遭遇"假死"。

德尔曼公关公司创始人埃德尔曼口中的"煽动"——"在媒体技术爆炸的时代，除了每个人自己坚持'真理'外，不会再有真理了"，越来越从臆想层面跌落到现实。

不管是把传播消息当做工作的媒体，还是任劳任怨、自愿免费、不遗余力为某个事件或事物摇旗呐喊的民间散兵游勇，他们都有了更多信息表达的渠道与获准表达的内容。

不过，很多时候，他们充当的可能是不负责任的"布道者"。

以美国为例，美国的言论自由几乎已经发展到让人随心所欲的地步。人们可以尽情表达，既能对天气评头论足，又可以在公开场合大骂总统以逞口舌之快。总之，人们的舆论表达可以花样百出、意识形态各异。然而，自由的闸门打开时，不仅涌入了新鲜的空气，也给了造谣者、煽动者机会。诸如恐怖主义言论这样的负面消息也能光明正大地在公众场合露面，这不是什么好事。社会媒体则无意或有意地充当了教唆暗示的角色。

作为社会的重要组织，企业通过为人们提供产品或服务，将触角延伸到人们生活中的各个方面。企业，也不可避免地成为传统媒体与民间媒体的焦点话题。海量信息汹涌而来，裹挟着真相，也隐藏着种种被包裹上意识形态、个人偏见等外衣的不明事实。如果企业招架不住，就有可能遭遇"舆伤"。

有这样一段记者与历史学家间的对话。记者称："新闻是历史的初稿！你们要靠我们的资料才能做研究。"而历史学家则不屑一顾："是啊，我们一辈子都在修改你们漏洞百出的稿件！"

某些记者的稿件漏洞百出，有些是迫于真相扑朔迷离，作者难以剥茧抽丝，有些则可能是刻意为之。

社会为无冕之王——新闻媒体被赋予了很多道德与法律限制，以避免违背真相的假新闻大行其道。但是，有些时候，道德与法律的约束力会溃败得一塌糊涂。法律的利器往往与"言论自由"短兵相接，将社会舆论的法定表达区与禁区搅得模糊不清，这给了不负责任的"布道者"钻空子的机会；而站在道德制高点上的言辞谴责，往往抵不过"吸引眼球"、"点击率高"这样的"成功学"诱惑。

记者简妮特·玛康姆在《新闻记者和谋杀犯》中这样写道：

每一个记者其实都明白他们所做的从道德上来说是不可取的，除非他是傻子或是只考虑自己的自私自利的家伙。每一位记者看上去都很自信，他们总在捕捉人们的空虚、无知或是孤独；他们总在获得你的信任之后再无情地背叛你，而且没有一丝愧疚。如果有一天某人发现自己成为某篇文章或是某书的主角时，他的教训也许就如同一位受骗的寡妇一觉醒来，突然发现她年轻的情人和积蓄全都不见了。不同性格的记者对他们的背叛行为有不同的看法。喜欢唱高调的记者称之为言论自由或是"公众的知情权"，少数有才能的记者则认为这是一门艺术，而一般的记者则会小声嘟囔"都是为了生活"。

如果把缺乏必要的道德感算在每一个记者头上，未免以偏概全。然而，的确存在一些不负责任的记者和媒体，他们为了吸引公众眼球而在原有事实的基础上添加作料。作料形形色色，有"篡改事实"、"语气夸张"、"移花接木"、"子虚乌有"等。被作料浸染的事实真相，逐渐面目全非。

2007年7月8日，北京电视台生活频道"透明度"栏目播出《纸做的包子》。栏目爆出了惊天"骗局"——包子为废纸箱、肥猪肉所做。立时，各大媒体、网站纷纷转载，"纸做的包子"一夜成名，成为人们街头巷尾的谈资。

谣言编得越"具体"，越有"细节"；谣言针对的对象越"大腕"，越有"名气"，就越有人感兴趣，越有人深信不疑。于是，第一个人造谣，第二个人传谣，第三个人信谣，第四个人谣上加谣……谣言就是屠刀，面对谣言，不申辩会挨八刀，申辩则会挨九刀。

初始条件下微小的变化能带动整个系统的长期的巨大的连锁反应，会引发混沌现象。经过北京电视台的曝光和传统媒体的转载，"纸做的包子"成为谈资仅仅是一个小小漩涡的开始，轩然大波紧跟其后。人们对包子这一最基本早餐的信任度急剧下降，"谈包子色变"绝不是危言耸听。民众反应哗然，政府也相当敏锐，北京工商、食品安全部门、警方全线出击。

然而，事隔一周的 7 月 16 日，真相水落石出，大白天下。结果让人啼笑皆非，"纸做的包子"属于子虚乌有。骗局套骗局，一个骗局投下一颗重磅炸弹，这只是媒体自导自演的新闻秀。

除了相对露骨的造假、夸张，媒体也有一些不动声色的技巧。

2010 年 11 月 12 日，G20 峰会的记者会上，发生"代表门"事件。美国总统奥巴马谈论美韩合作关系时，希望给东道主韩国的记者一次提问的机会。但韩国记者并未有人举手提问，随后中国记者芮成钢举手，奥巴马示意把机会留给芮成钢。芮成钢首先表达了自己的身份，"很不幸我可能会让你失望，奥巴马总统，其实我是中国人，我想我可以代表亚洲……"有些意外的奥巴马，还是试图为韩国记者争取机会，"公平起见，该轮到韩国记者提问"。芮成钢坚持："如果韩国朋友可以让我代表他们提问呢，好不好？"此时，韩国记者仍然无人举手，奥巴马接受了芮成钢的提问。

有关芮成钢向奥巴马提问的视频，主要有三段流行的版本。

第一段视频来自中央电视台财经频道。在视频中，芮成钢表明自己的身份，奥巴马接受采访并称芮成钢的英语很好，然后就是两人气氛融洽的问答。该段视频中芮成钢与奥巴马的僵持被剪掉，人们看到的是芮成钢彬彬有礼的提问，以及奥巴马愉悦地接受访问。

第二段视频来自凤凰卫视。视频一开始的画面就是芮成钢起身要求代表韩国记者提问，奥巴马则坚持请韩国记者提问，双方僵持。奥巴马直接接受芮成钢的提问。这一段视频则剪掉了奥巴马要求留给韩国记者提问的机会，韩国记者无人举手，随后芮成钢举手的过程。由于铺垫被剪掉，人们看到的芮成钢则有些越俎代庖，甚至给了奥巴马难堪。

第三段视频为完整版。既有前面韩国记者无人提问的伏笔，也有芮成钢与奥巴马的言语博弈，由此人们得以看清事实真相。

这段材料表明，工作人员使用小小的"伎俩"，就能混淆事实真相。针对不少企业或企业家的被掐头去尾的报道事件也很常见。

我们想象一个场景：消费者对产品不满意，找上门来。或许是这位消费者肝火太盛，或许是前台小姐的危机处理太过蹩脚，激怒了消费者，总之怒气冲冲的消费者强行推开企业家办公室的门，朝企业家还僵着笑容的脸结结实实打了一拳。被打得晕头转向的企业家，为自卫推搡了消费者几下。这一切全被跟在消费者后面的记者拍下。但媒体播放出来的视频是经过工作人员"巧妙剪辑"的，消费者怒打企业家的场景销声匿迹，企业家怒推消费者的场面清晰可见。那么，观众对这一视频的理解可能就是"企业家太骄横，不满意的消费者找上门来，竟然暴力相对"。

对于企业，有两种情况最容易遭遇"舆伤"：

一类是企业的风头过盛，企业家比较高调。企业家的知名度是与社会对其的关注度成正比的，知名度越高，社会关注度也越高。一个出了名的企业家，从闷头挣钱到站在镁光灯下，一举一动都会在公众的视线之中，一有风吹草动便可引起轩然大波。有些人形象地把"富豪榜"比喻为"杀猪榜"，说的就是这个道理。

另一类是企业或企业家个人出现危机。当企业出现污点、裂痕了，媒体不分青红皂白，拿着放大镜将污点、裂痕放大几十倍、几百倍、几千倍，甚至几万倍拿给不知底细的民众看，让民众看了触目惊心，对企业的不满情绪也得到蔓延。美国白宫发言人弗莱舍对于媒体这种"落井下石"的做法感到厌恶又无奈："平日里媒体仿佛是一群嗡嗡作响的蚊子，每个政客都唯恐避之不及，恨不得把它们都赶走，而一旦危机发生，媒体就成了一头20吨重的大象，向你直扑过来，这时候你想躲都躲不开了。"

非商业名人遭遇"金庸式假死"，其伤害主要来自个人品牌和名誉，还有几分被人诅咒的晦气。但如果企业遭遇舆伤，换来的就可能是消费者用脚投票，企业就要遭受灭顶之灾了。

20世纪90年代，三株口服液以年销售业绩80亿元笑傲全国保健品市场，但一篇《8瓶三株喝死老汉》的报道，让其陷入了一场舆论漩涡。老汉陈伯顺的家属一纸诉状，将三株集团告上湖南省中级人民法院，向三株集团索赔29万元。

面对飞来案件，三株集团认为这纯属诬陷，不予理睬。但一年多后，案件有了转折点。1998年3月31日，湖南省常德市中级人民法院作出一审宣判，认为陈伯顺死亡为服用三株口服液所致，责令由三株集团向死者家属赔偿29.8万元，并没收三株集团"非法"收入1000万元。

紧跟事实风向的媒体，一改三株案一审判决前的三缄其口，集体倒戈。《8瓶三株喝死老汉》成为号外，这个消息被全国媒体密集报道、转载，三株集团顿时陷入舆论的狂轰滥炸中。三株集团向来强硬的否认态度，此时被视做小丑演戏，已没有人肯坐下来听三株喊冤，三株百口莫辩。

一审后，全国的消费者和经销商开始封杀三株，三株集团苦心打造的营销策略在公众的愤怒面前不堪一击，全线出现崩溃。

一年后，尽管法院宣布三株集团二审胜诉，但三株集团已经无法起死回生了。三株集团迈向灭亡的步伐太快，甚至快过陡然而起的营销神话，迟到的二审判决也难以挽救三株集团已经坍塌的神殿。早在一年前营业额就崩盘的三株集团,现在甚至都唤不起媒体疯狂转载的兴趣。这年的胜诉和当年的败诉相比,已经从整版变成豆腐块大小。因为与变成冷饭的事实相比,媒体更愿意去炒扑朔迷离的事件。

三株集团失去了吸引力,媒体一哄而散,重新寻找新的话题企业,最终的损失只能由企业承担。

网络狂欢的伤害

　　"一代饮料巨人终于轰然倒下！可口可乐于美国时间星期五宣布由于不堪长期以来的亏损，无法偿还堆压的债务而申请破产保护。同一时间，可口可乐将关闭美国的工厂，并且逐步退出饮料市场。"

　　这是 2009 年 9 月，在网络上被疯狂转载的名为《可口可乐申请破产保护》的帖子的一段内容。

　　这个帖子说得有鼻子有眼，甚至还有不少网友相信，以至于可口可乐公司不得不在其中国的官方网站上正式发表声明，称："此项言论是一个完全荒谬并错误的谣言。任何了解可口可乐公司财务业绩的人都知道，可口可乐公司财务状况非常稳健。在中国，我们的业务在过去连续五年内实现双位数的增长。"

社会舆论世景变迁的幅度之大超出我们的想象。网络的影响力和传播力日益剧增。一篇小博文或者论坛上几百字的发帖文章,可以让企业大出风头,也可以置企业于死地。

舆论,尤其是社会化媒体的自由性与传递信息的便捷性,给企业带来了空前的舆论挑战。这些看似轻飘飘的技术符号,让中国和世界摆脱了飞鸽传书、信差送信的历史,也使得企业的舆论环境充满了易变性和高风险。

美国著名的政论家、专栏作家李普曼提出:"尽管公民自由至关重要,却不能保证现代世界的公众舆论,因为人们认为真相要么是自发性的,要么只有在排除了外部干扰的情况下才能找到获取真相的方式。然而,在面对一个无形世界时,这种假设是错误的。关于遥远或复杂事态的真相并非不言而喻,搜集信息的方法是一种专业,而且代价高昂。"

发达的媒介传播,会源源不断地通过各种途径传播信息。这些信息的发布者,有传统意义上的作者,也有传统意义上的读者。信息的内容,有事实,有虚构,也有介于事实与虚构之间的模棱两可的信息。此时,人们通过网络看到的世界不再是真实的影像,而是由内心感觉传递的虚拟环境。人们越来越对虚拟环境形成依赖性,各种集体狂欢和门户偏见也随之产生。然而,令人担忧的是,人们去伪存真的能力正在弱化,我们难以从塞满广告、错误的信息中挑选出真相。

与专业新闻记者相比,可以自由通过微博、论坛、博客以及评论发表消息的普通公众,是缺乏理性约束的市民记者。即使他发布的信息与真相截然相反,添油加醋到令人大跌眼镜的地步,也很少会被归为"诽谤罪"之列。而且,网络特有的匿名性意味着每个人都能戴着面具说话。在网民面前,发言者以一个历经沧桑、语气老态又无所不知的老者形象出现,而面具背后,隐藏的可能是一张稚嫩的面孔。

游离于《诽谤法》之外，不必自报家门的匿名性，不断吞噬网民的狂欢道德底线。为利益驱使，他们可能会出卖某些企业或企业家不为人所知的商业秘密；受民族主义驱动，他们可能会群起攻击某个向国外企业出售民族品牌的企业是彻头彻尾的"卖国贼"；被天然的弱势心态左右，当消费者与企业出现利益纠葛时，他们会不分青红皂白地将矛头指向企业……

新浪就先后多次遭受"新浪是日本公司"这一谣言的困扰。

2000 年年初，有些人因新浪的发音与日语中"支那"一词相近，认为这类对中国带有侮辱性的称呼，只有日本人的网站才会出现。而事实上，sina 为新浪前身之一——华渊资讯公司的英文名，sina 是印度语中的"中国"之意，中英文结合则为"一个不断创新的，为全体华人服务的网上世界"。

2003 年年末到 2004 年年初，有人称在新浪上找不到"日本人在珠海买春"和"七七事变"的消息。人们不断掀起"新浪是日本人的公司，不要登录新浪网"的网络呼吁。甚至连报道新浪新闻的记者也被质疑，"你干吗要报道新浪新闻？那是一家日资企业，连名字都是辱华的，而且其从来不报道有关日本的任何负面新闻"。

新浪总编辑陈彤不得不一次又一次澄清新浪的"清白"："新浪从四通利方时代的历史就是明明白白的。你可以看到，现在全球公开的新浪股东名单中，没有一个股东是日籍的。以前关于新浪是日资企业的所有传言，都不符合事实。其中一些传言不仅严重失实，而且可以说是非常恶毒的。这些谣言，使我们的企业受到了极大的伤害，这个损失是无法估算的。"

《连线》(Wired)杂志创始人凯文·凯利的话意味深长："网络在哪里出现，哪里就会出现对人类控制的反抗者。网络符号象征着心智的迷茫，生命的纠结，以及追求个性的群氓。"的确，在这个时代企业会遇到更多的虚拟群氓，有的时候即便是白的，也会被说成是"证据确凿"的黑的。

不理性的大众情绪

在第五届西湖论剑高峰论坛上，在台上风度翩翩、侃侃而谈的网易首席架构师丁磊被台下一位观众妈妈"炮轰"。

这位观众妈妈"突然袭击"丁磊，称："如果我3年前看到你们在做网络游戏，我恨不得用枪崩了你！"原来，这位女性观众的孩子沉溺于网络游戏无法自拔。

尴尬的丁磊问道："去年有100多款网络游戏，真正属于我们自己设计的只有10多个游戏，不知道你儿子玩什么游戏？"

"传奇！"

台下一片哄笑声，满脸通红的丁磊忙说："那是陈天桥的东西。"

如果媒介传播的是与企业相关的真实信息，那么巨大的舆论洪流可以对企业发挥良好的品牌监督和宣传作用；如果媒介传播的信息模棱两可，甚至是谣言，那么大众的声援则有可能成为被利用的工具。很多时候，大众情绪是不理性的，正如这位观众妈妈对丁磊劈头盖脸的指责。

大众情绪在面对企业家和政府官员这两类群体时会出现不理性的表现，前者掌握着巨大的社会财富，后者掌握着社会权力。他们一旦成为道德的人质，便不能期待"去妖魔化"的时间太短。中国的企业家，仍然面临着被妖魔化的困境。

以温州炒房团为例，他们昨天还在炒房、炒股，今天似乎就已经转移战场。先是局部地区大蒜价格疯涨，然后是绿豆、黑豆价格翻了几番，此后又是黄金、艺术品价格暴涨数倍。"炒房团"短暂蛰伏之后，又有蠢蠢欲动的迹象。热钱源自何处？大部分人把矛头指向了温州人。于是，温州人成为了"炒客"的代名词。

而今天的温州人面临着很大的尴尬：但凡热钱兴风作浪，抬高物价的现象发生，温州人必被结结实实地贴上"参与"而且是"深度参与"的标签。如果是诸如大蒜、绿豆、棉花等与人们衣食住行息息相关的产品被炒，温州投资者还得背着"利欲熏心，为逐利不择手段"的骂名。

温州人的投资行为被称为"炒"。一些从事正常投资事业的温州人，被冠以"炒客"之名，他们参与"国退民进"的行为，被称为"炒国企"，参与军工企业的举动被称为"炒军工"。但凡温州资本所到之处，必然有媒体锣鼓喧天，高呼"热钱来了"。本应撬动经济杠杆的温州资本，被众人误认为洪水猛兽。

温州资本被妖魔化了。然而，温州投资者并未参与所有的"热炒"行为。以大蒜为例，当大蒜价格一路飙升时，社会舆论纷纷把这笔账记到温州人头上。事实上，"大蒜是温州人炒起来的"是个伪命题。温州商会会长周德文特意到中国大蒜之乡——山东金乡县进行了考察，发现根本没有温州人炒大蒜这回事。金乡县县长称，大蒜价格上涨的主要因素是因为大蒜种植面积锐减。而且,前往金乡县做大蒜生意的商人来自全国各地,其中江苏人最多,温州人所占比例很小,还不到10家。

即使是受争议最大的炒房团,也不如媒体宣传得那样神乎其神。然而,温州购房者已经背上"炒房"的骂名,人们理所当然地认为温州购房者是房价升高的既得利益者。但其实,更大的既得利益者是房地产开发商,而最大的既得利益者则是当地政府。可能出现的实际情况是,房地产开发商和地方政府都希望房价上涨,但是有些地方政府又无法应对中央政府对该地区房价高涨的问责,于是才把温州购房团当成替罪羊。在温州人购房行为的背后,隐藏着买房人、房地产开发商、政府三方利益格局的博弈。

在一些城市,为吸引温州资本,当地政府领导和地产商甚至还一起前往温州公关,对温州资本投资房产者允诺一些优惠措施。温州购房团来到该地后,当地媒体就卖力宣传以形成标杆效应来吸引其他投资者。

如果说温州人炒房,那么谁又炒了温州人?"各色人等"在利益共同体的心理驱使下,各取所需、乐此不疲地炒热了温州人这块"买房风向标",这些人才是真正的炒房利益集团,他们确信温州人买房的"鲶鱼效应"能预热和搅动整个市场。与其说温州购房团是高房价的罪恶之源,倒不如说它是替他人背了黑锅的替罪羊,在被利用之后成为了误导公众和转移视线的障眼物。

在熊彼特的经济史价值谱系里,企业家是世界的英雄。然而在中国,商业在社会习惯的压力下仰人鼻息,并未获得真正的主动。在这样的氛围下,经商就不是一件稀松平常的事情。

仇富心理是导致大众面对企业家时情绪偏于非理性的重要因素。

《孟子·滕文公上》有记载,"阳虎曰:'为富不仁矣,为仁不富矣'"。曹丕《上留田》则如此诠释贫富差距,"富人食稻与粱,贫子食糟与糠"。可见,2000多年前,国人就种下了"为富不仁"的文化种子。直到今天,这种顽固的社会情绪仍然存在。

改革开放后，创富成为社会发展脉络的一条主线，被边缘化的商人逐渐在社会主流中占有一席之地，民营企业家作为一个相对独立的阶层进入中国的社会结构分野。被压抑的创富潜力的释放催生出更多的富裕群体。

稀释 2000 多年的仇富文化需要时间，这是企业家阶层在成长过程中必须要承担的阶段性代价。此外，某些企业家获得财富的方式，以及获得财富后延伸出的种种炫富行为，导致"富人不仁"这种文化偏见去妖魔化的过程一波三折。

2002 年，美国《时代周刊》刊登了一篇名为《可怜的过剩》的文章，文中指出："这些人建造奢华俗气的仿白宫办公室、仿洛可可式别墅；在郊区建造别墅却不敢打开豪华吊灯（因为担心会导致穷困的邻居家里跳闸）；他们的妻子忍受着丈夫的无数情人，倍感孤独，只能以养昂贵的宠物、上庙烧香和多生孩子打发生命；他们往最昂贵的葡萄酒里倒雪碧，像喝水一样地咕嘟嘟往下灌，吃的是煎鳗鱼、焖海藻和炖蚝……充分享受着穷奢极欲的每一分钟。"

与某些富人的挥霍和攀比形成鲜明对比的是大多数人还在"国富民不富"的大环境下挣扎。日益扩大的贫富差距在诱发社会对富人的集体讨伐。通货膨胀率上升，物价持续上涨，人们手中的钱不值钱了，愤怒的人们自然要寻找发泄不满情绪的对象，于是以企业家为代表的富人们便首当其冲。

2009 年 10 月 15 日，在美国新奥尔良一次集会上，美国总统奥巴马差点被一个 9 岁的小男孩问倒。四年级小学生泰伦·斯科特问奥巴马："我必须要问你，人们为什么会讨厌你呢？"见奥巴马一时陷入尴尬，小男孩又追加了一句："他们应该喜欢你才对呀！"大多数人只记住了第一句，轻而易举地把第二句忽略了。面对企业家，尤其是当他在社会舆论中以存在污点的形象出现时，大众情绪出奇地一致。

　　硬币旋转起来,总会出现忽明忽暗的两面。当某些扭曲的创富途径和不正当的炫富方式成为以偏概全的企业家群体形象的证据,大部分优秀企业家的创富信仰可能会在瞬间被践踏得面目全非,而大众的价值判断也会追随忽左忽右的事实左右摇摆。欲使大众的情绪保持理性,企业及企业家就需要通过创造更多的财富,承担更多的社会责任为自己正名。此外,企业和企业家更需要具备良好的舆商,以便能从容化解由非理性的大众情绪引发的舆论伤害。

"以危化危"模式的普遍性

360与腾讯之战，最终以工业和信息化部出面调停，两家企业被通报批评，向社会公开道歉这样的结果而宣告结束。

360与腾讯的危机处理方式并未遵循常规，而是通过"以危化危"解决了两者之间的危机。"以危化危"法，即通过制造新危机达到解决旧危机的效果，以实现危机中各方利益的最大化。

北京奇虎公司与深圳腾讯公司因网络纠纷闹到势不两立的地步。两者都理直气壮，互相指责，并不遗余力地爆出对方的"污点"。虽然他们爆出的污点未必就证据确凿，但消费者往往"宁可信其有"。两家企业的名誉都会因此受损，还有可能惹上官司，局面越发不可收拾。为化解两公司交恶带来的危机，他们开始制造新的危机——绑架用户利益，甚至单方面中止对用户的服务，影响用户的正常使用。他们这样做是在以新的危机来化解旧的危机。

互联网的丛林战争，最终还是把用户卷了进来。用户利益受损，纷纷指责 360 与腾讯。不管是 360 还是腾讯，都被广大网民评价为"不道德"。网络舆情的影响越来越大，连政府部门也看不下去了。最终工信部出面调停，两者之间的纠纷得以解决，实现了"以危化危"。

360 与腾讯成功利用社会舆论的涟漪效应，缓和了两者在互联网江湖的恩怨纠葛。

"以危化危"也可以用心理学理论加以阐释。当个人的行为没有得到预期的报酬，有时非但没有报酬还会遭遇惩罚的时候，危机就产生了，个人就有可能愤怒，并在此基础上产生抵触行为，制造新的危机。这种抵触行为，对其并不是完全有害的。这就像孩子吃巧克力一样。当孩子要吃巧克力时，如果妈妈不买，他可能会大喊大叫甚至索性满地打滚，最终的结果可能是妈妈会满足孩子的要求，这也叫做"会哭的孩子有奶吃"。

不过，虽然"以危化危"常常能取得奇特的解决效果，但毕竟是非常规的危机解决之道。人们为化解原有危机去制造新的危机，新的危机必然会损害一部分人的利益。如在 360 与腾讯的商战中，损害用户利益——捆绑用户——就成了他们解决危机的砝码。而且，不管是 360 还是腾讯，尽管都平稳度过了这次危机，却也挨了不少砖头。

事实上，除了企业竞争，"以危化危"也是消费者与企业博弈常用的策略。相对于财大气粗的企业，消费者往往是弱势群体。当消费者认为自己的合法权益受到侵害与企业周旋时，他们可能会借助舆论的力量，通过媒体将该事件捅出去，使事态进一步升级，这也是一种"以危化危"。

大部分消费者，不会随便动用"以危化危"的危机处理方式。如果企业能成功解决消费者投诉的问题，大多数消费者会选择息事宁人。但如果当消费者向企业讨说法时，有些"眼睛长在头顶上"的企业不把前来投诉的消费者当"上帝"，反而视之为"刁民"，不断搪塞敷衍。那么，对不起，消费者就会使出杀手锏——"以危化危"。

"以危化危"是破釜沉舟的做法。当事者面临危机势必会寻找解决方式，但由于自身能力和客观条件的限制，可能会一直处于瓶颈状态难以突破，无法干净利落地解决危机。此时，当事者无计可施，只得通过制造更大的危机，引起外力的关注。而外力迫于道德、法律或职责的原因，不得不出面切割危机，帮助当事者安全度过危机。

京东网上商城的"艳照门"事件，是消费者"以危化危"的典型。

2010年11月，《劳动报》发布一则消息，称上海市余先生2010年8月12日花费4000多元在京东网上商城购买了一台宏碁笔记本电脑。收件时，余先生就发觉这个机器不对劲，如电池和机器的序列号不同，电池仓处有拆卸痕迹，键盘处还有明显被使用过的痕迹。余先生猜测，这台笔记本可能是"翻新机"。随后，余先生检测了这台宏碁电脑的硬盘，发现了180多GB的使用数据，被恢复出的数据里还包含大量涉及色情暴力的照片和视频。

余先生多次与京东协商，京东以"只保证送来的机器是全新的"为由，拒绝回答电脑上出现的可疑问题，也不派人前来检验机器。同时，余先生发布在京东网上的帖子、评论也被删除。余先生维权无果，又向有关部门投诉。最后京东表示，可以为余先生更换一台电脑。但并不认为电脑是"翻新机"，给出的更换电脑的理由则是"给用户'购物体验'"。双方僵持不下，余先生向媒体求助。

11月15日，《劳动报》刊登一篇名为《新电脑内藏大量艳照　用户质疑京东商城卖二手机》的文章。此文一出，就引起不小的反响，各路人马一拥而上。

资深业内人士的爆料不失时机地来临，称京东的进货渠道很"特别"，厂商的销售人员让京东把水货和行货混搭卖，"水货、行货、翻新货一起卖，是圈内公开的秘密"。

消费者的批斗会也紧锣密鼓地展开，这个称自己在京东买了返修货，那个称京东的客服太差了，送货慢更是很多消费者抱怨的重点。

此外，报道"艳照门"的《劳动报》也与京东对峙起来。京东称"该报道在缺乏深入调查的情况下便被刊发，严重歪曲事实。对于《劳动报》的报道，京东商城深表遗憾"。而《劳动报》报道"翻新机"事件的记者，也在微博上信誓旦旦地表示，京东出售"翻新机"一事铁证如山。

京东"艳照门"事件，闹大了。

由于消费者缺乏通畅的危机解决渠道，越来越多的人选择制造新危机，尤其是通过互联网制造危机，来达到解决旧危机的目的。

随着网络传播技术的发展，以及网民数量的增加，网络已发展为一个功能和影响力强大的民间监督平台。在网络上，人人都有表达观点和获得舆论反馈的权利和自由。如果企业不遂网民的意，不管网民的意愿合理与否，网民可能会通过网络往大处闹，到时企业就有可能吃不了兜着走了。

对手"作恶"：别人倒霉，自己发财

"强盗、土匪、军阀和各种暴力集团靠什么生活？靠血酬。血酬是对暴力的酬报，就好比工资是对劳动的酬报、利息是对资本的酬报、地租是对土地的酬报。不过，暴力不直接参与价值创造，血酬的价值，决定于拼争目标的价值。"这是吴思在《血酬定律：中国历史中的生存游戏》中对"血酬定律"的解释。

暴力不仅仅局限于赤裸裸的真刀实枪，语言也可能成为一种暴力。

商业行为中，同行间为争夺资源与市场开展激烈的竞争，其中除了正当竞争，也存在恶性竞争。谣言，是恶性竞争中最常出现的暗箭冷枪。

美国社会学家希布塔尼认为，谣言是一群人在议论过程中产生的即兴新闻，是一群人集体智慧的汇总和扩散，以求得到对某一个事件的满意答复。此一时，彼一时。如今，某些谣言不再只是希布塔尼眼中的"即兴新闻"，而很有可能是某些人或组织的刻意制造，其目的是中伤竞争对手。

一旦谣言制造者把谣言散播出去，并得到不明真相的群众的关注，谣言就会得到扩大。谣言的受众会根据自己的知识经验、需求以及态度等主观因素，理解谣言的内容。他们会接受自己认为符合逻辑和常识的部分，并凭借自己"丰富"的想象力，对谣言进行再加工，即"添油加醋"，并广泛传播。

2003 年 9 月到 2004 年年初，发展势头正猛的蒙牛，就曾遭受过铺天盖地的假新闻诽谤。期间，在全国 100 多家报纸以及 170 多个网站中，出现了几百篇针对蒙牛的负面报道。如《蒙牛现象——皇帝的新装》、《蒙牛暗藏危机，战略缺失、核心能力不足》、《高速扩张引发专家质疑，央视"标王"蒙牛面临三大难题》等。有关蒙牛的负面报道内容主要有以下几类：蒙牛一直叫嚷做大做强，对未来的增长速度要求过高，最终只能以牺牲数百家小企业的利益为代价来实现目标；蒙牛没有自己的养牛园区；一些所谓的专家、学者现身评价蒙牛；蒙牛拖欠奶农欠款，诚信存在问题……

这些诋毁蒙牛的假新闻报道，在短短 5 个月的时间内密集性出现，且很多报道大同小异，明眼人一看便知是来自同一母稿。而且，发表诋毁性报道的媒体，没有一家就报道内容采访过蒙牛。更为蹊跷的是，不少发布诋毁蒙牛报道的媒体，称是蒙牛在该媒体购买了软文广告。他们也不明白"为什么蒙牛要搞一场自己骂自己的公关策划"。

蒙牛通过一篇"北京未晚国际品牌传播机构"的文章，顺藤摸瓜，找到了这家有组织、有计划地损害蒙牛名誉的公关公司。虽然受到蒙牛多次警告，这家公司仍然我行我素，蒙牛忍无可忍报了案，随着警方介入，真相水落石出。蒙牛"假新闻诽谤案"系对手所为。

《蒙牛内幕》一书并未指名道姓地指出该诽谤案的始作俑者：

当该机构电脑里未删除的大量资料被调出后，蒙牛的人当场就傻了！

因为打手背后有主使,运作此次恶意诽谤的,不是别人,竟然是同行著名企业某某! 而在此之前,蒙牛从未怀疑过会是某某![①]

公安机关破案后,作出以下裁决:一是公开道歉;二是赔偿损失 6000 万元;三是保证今后不发生类似事件。

公安机关下达裁决时征求牛根生的意见,大度的牛根生以德报怨:

第一项,人人都有面子,西部乳业品牌是个更大的面子,一荣俱荣,一损俱损,所以,公开道歉的事就免了;第二项,六千万有它不多,没它不少,也不用赔了,就算是我们对这家公司多年栽培的回报吧——再说,只要做好自己的事,就不只是六千万的事,而是六个亿、六十个亿的事;但第三项务必坚持:下不为例,永不再犯!

然而,三十年河东三十年河西。没想到 6 年后,蒙牛也转换了身份,从受害者转变为施暴者。

2010 年 8 月,圣元奶粉陷入了"激素门"危机。多家媒体报道称武汉、江西、山东等几个地方有婴儿检测后被发现有激素超标等早熟症状,而这些婴儿均自出生时就食用圣元奶粉,圣元矢口否认媒体的报道。

随后,卫生部也公布了调查结果,称患儿乳房早发育与所食用乳粉不存在关联关系,目前市场上抽检的圣元乳粉和其他婴幼儿乳粉相比激素含量并未出现异常。然而,"激素门"事件并未就此落下帷幕,更热闹的戏还在后面。

2010 年 10 月 19 日晚,有微博爆出猛料,称蒙牛或涉嫌诬陷圣元奶粉,导致了圣元"性早熟"事件的发生,涉案相关人员已经被拘。屋漏偏逢连夜雨,趁着这股热乎劲,另一奶业巨头伊利公司,也指控蒙牛对其旗下产品

---

① 张治国:《蒙牛内幕》,北京大学出版社 2006 年版。

QQ星儿童奶和婴儿奶粉进行了有计划的舆论攻击，目前，涉嫌犯案的嫌疑人已被警方控制，正是蒙牛下属员工。

事发之后，虽然蒙牛在第一时间站出来极力进行危机公关，并大声喊冤，将矛头指向劲敌伊利，怀疑伊利背后作祟。但不可否认的是，蒙牛自己切切实实尝到了恶果。

除被牵扯进"三聚氰胺"事件之中，一直以来，蒙牛都是以正面积极的形象示人，也曾有过火箭般的发展速度。即便是在被中粮集团收购之后，蒙牛也仍不失为一家高成长性的企业。2010年3月20日，国家统计局行业企业信息中心发布了2009年市场销量信息，蒙牛乳制品市场销量居全国第一，连续四年领跑中国乳业。对于蒙牛来说，前方的道路平坦且宽阔，更具吸引力的目标近在咫尺，伸手就可能会触碰。此时，蒙牛还何必大费周折，挖空心思去玩"诬陷"、"诋毁"这样的损招？

未曾想到的是，今天蒙牛会以如此不堪的方式，被再次推到风口浪尖。这不仅是对其企业文化的极大讽刺，也让整个中国乳业蒙羞。现在，不管是否确有伊利在其背后捣乱，不争的事实是蒙牛的形象已经一落千丈。

这一切都源于竞争，只是采取了非常手段而已。为抢占上下游资源和更多的市场份额，有些企业没有采取正大光明的良性竞争方式，而是采用不正当竞争手段，以抹黑他人来照亮自己，以将他人踩于脚下为自己向上爬的途径。在以打击他人为己任的竞争手段中，质量变得不再重要，品牌也会被视之无物。互相"掐来掐去"的结果，可能不是掐倒了其中一家，而是将整个行业掐倒。此时，舆论成了作恶的工具。

第三章
低舆商的覆舟效应

- ◆ 企业家口碑大泡泡：弄巧成拙
- ◆ 产品口碑大泡泡：搬起石头砸自己的脚
- ◆ 口无遮拦的"窄门原理"
- ◆ 千篇一律的盾牌：当失声与嘴硬沦为泛滥
- ◆ 与媒体斗，灰头土脸
- ◆ 花钱堵不住舆论洪流

企业家口碑大泡泡：弄巧成拙

2010年，在地大物博的中国，出了两个几乎家喻户晓的"大骗子"，一个是神医张悟本，另一个是李一道长。

李一有多个头衔，"道长"、"神仙"……我更愿意把他看成一个逐利并贪得无厌的企业家，而他与一般企业家相比的不同之处无非在于他打着道家的幌子，四处招摇，卖的是"骗术"。

曾经在杂技团表演过全身过电绝活、因做生意欠债900多万元的李二娃，披件道袍，摇身一变成为了能"用脚后跟呼吸"、"用咒语打开中脉"的李一大师、道观主持。

如果李一只是小打小闹，在小圈子里宣传他的"奇异功能"，恐怕狐狸的尾巴还不至于这么快就露出来。但是李一是个很擅长进行神化和造势的人，并达到了毫无节制的地步。

李一首先对自我进行偶像化，称自己出身道教世家，父亲为道士，年少时因病被抱进道观跟随道长修行，16 岁成为正一道太乙昆仑宗传人。

李一越来越"邪乎"，各个媒体争相对其进行报道。报道中的李一神乎其神，能够将 220 伏的电流导入身体，然后再适量传给病人，为病人检查身体。而且，李一还在电视节目里表演过水下憋气，憋气时间长达 2 小时 22 分钟。不少文章还特意指出，凤凰卫视的刘春、杨锦麟、窦文涛、梁文道、王鲁湘、《感动中国》总导演樊馨蔓（张纪中夫人）、张纪中、企业家马云等都是李一门下的"仙友"。

在李一道长的忠实粉丝樊馨蔓所写的《世上是不是有神仙》一书里，李一更是被描绘得法力无边。作为央视有影响力的媒体记者，樊馨蔓这本对李一极尽崇拜的书，在公众中产生的影响力可想而知。

对李一顶礼膜拜者也越来越多，商人、记者、娱乐界明星以及政界人士等，都纷纷奔赴李一所在的道观，以求获得养生得道的真经。李一借机开设天价养生班、辟谷班、养生总裁班等，宗教包装下的"道"成为李一的吸金机器。

以名人与媒体的口碑为铺垫的李一，愈加云山雾罩，其身上罩着的光环也越来越多。树大招风，尤其是根不深者，更容易招风。"打假斗士"方舟子最先发难，称"黑媒都是抱团的，某周刊吹完'少林隐僧'就吹'神仙'李一"。在有人身先士卒开了头之后，之前被李一忽悠得晕头转向，又回过头来把公众忽悠得云里雾里的媒体，也回过味来，开始对李一进行地毯式的调查。媒体集体倒戈，李一之前苦心营造的口碑效应很快被打得片甲不留，李一一不留神被拉下了神坛。

除了李一，"21 岁的美女总裁"董思阳疑似造假事件，也是一次企业家刻意吹起口碑大泡泡的弄巧成拙。

2007 年 5 月 18 日，经过精心包装的董思阳走进中青网《百家创业故事会》节目，首次在网络媒体上亮相。因为推广效果不是很理想，幕后策划人便进一步策划，重新进行了炒作定位，选定了号称有数百万商人会员的阿里巴巴及其商人博客作为第一炒作平台，第二目标选定了在内地商人中颇有影响力的"商界在线"。

2007年8月2日，董思阳在阿里巴巴开通博客。当时阿里巴巴的博客鲜有名气，正在尝试借助名人博客效应提升人气，"海归＋美少女＋21岁总裁"，全都是明星特征。阿里巴巴博客不但长期将董思阳的博客放在博客首页的头条位置，而且利用论坛广告和贸易通消息等方式大力推广。为更进一步推广，董思阳在阿里巴巴开博不到一周后，阿里巴巴便让她在博客进行网上直播，通过网络视频推出年轻貌美的21岁女总裁，用非常煽情的图片和标题进行炒作。一个网络神话就这样诞生了。

"商界在线"也不甘寂寞，继阿里巴巴网上现场直播后，2007年10月9日，董思阳做客"商界在线·天天直播"节目，掀起了新一轮炒作，董思阳的人气达到了顶峰。同时，其他网站和媒体也不甘落后，转载、直播以及论坛讨论纷纷上场，本来名不见经传的董思阳就这样红遍了整个中文网络世界。

然而，董思阳的偶像化运作也很快遭到社会舆论的反向围攻。2008年春天，百度贴吧出现一个自称为董思阳同学的网友发帖称："她根本不是台湾人，她是土生土长的太原人，在太原第二外国语学校读高中。董思阳原名董琳，她不承认自己在山西长大，整个儿是在作秀和误导大家。"

2008年11月，山西《三晋都市报》发表报道，《亦真亦幻，美女总裁董思阳引人眼球》。2008年12月22日，中国青年报一篇《"21岁的美女总裁"董思阳调查》，全面质疑了这位号称美女总裁的创业经历、学历、荣誉和人际关系。文章引起了广泛关注，被多家海内外媒体转载。

从报道显示的内容看，这位不满20岁便开始创业、21岁身价就已经过亿的"当代青年的楷模"、"青年创业者的偶像"所公布出来的大多数资料都有造假的嫌疑。

巨大的泡泡被戳破了。一个迅速成名的美女总裁，在记者翔实的调查报道面前，名望和信誉轰然倒塌。有人对此评论：一夜之间，我们似乎进入了一个见证骗局的年代。的确，层出不穷的骗局让人瞠目结舌。

为什么有些人热衷造假？为什么他们的谎言会引发那么多人的关注？换句话说，是什么力量在支撑着他们不断地用谎言包装自己？究竟又是什么原因帮助这些造假的人在短时间内编织出这么大的一个谎言？

在经济飞速发展的今天，人们内心的"幸福感"不增反降，心态变得日益浮躁。大家更多地推崇着所谓的成功与成名。成功与成名的过程往往被忽视，只有扬名立万后的结果被社会吹捧。所以，许多人不要尊严、不要诚信、不要自尊而不顾一切地追逐成功和成名。

另一方面，这个日趋功利化的社会还需要偶像，哪怕这个偶像根本经不起推敲，当然被浮躁感包围的人们也无暇去推敲。所以，董思阳有无数的"粉丝"。她的书会成为畅销书，尽管其书"没有真材实料，成功心得并不实用，甚至有些功利和欺骗成分"（复旦大学新闻学院一学生语，《中国青年报》）；她的博客在短短不到半年的时间里，浏览量竟达到 400 多万；她的高校演讲座无虚席，即使"一场讲座听下来，并没有感觉到智慧，除了不断地微笑和说些假大空的励志话语，没听到任何真知灼见"（清华大学一理工科毕业生语，《中国青年报》）。

在社会功利化倾向明显的今天，一些媒体也是浮躁的。为了追求所谓的新闻价值，追求自己的报道在海量的信息中脱颖而出，快速进入更多人的视野，一些媒体不放弃任何一个值得炒作的热点——轮番地炒、夸张地炒。董思阳的成名经历就离不开一些媒体冒进的"鼎力相助"。

再者，还有造假者本人的虚荣心在作祟。哲学家柏格森说过：虚荣心很难说是一种恶行，然而一切恶行都围绕着虚荣心而生，都不过是满足虚荣心的手段。当今的社会越来越浮躁，是虚荣心刺激着越来越多的人为了名利、为了钱财、为了轰动效应、为了吸引更多的关注，欺骗大众，制造谎言且不择手段。

　　然而，再天衣无缝的口碑泡泡，在阳光下晒久了，也会破裂。一旦泡泡破裂，往往只剩一地鸡毛。

产品口碑大泡泡：搬起石头砸自己的脚

　　除了包装企业家个人，产品更是企业重中之重的包装对象。企业对产品的舆论攻势，主要是以广告的形式开展的。

　　如果说 20 世纪 90 年代的广告，是用铺天盖地的攻势抢夺你的眼球，新时期的广告策略就是把商品包装成藏在深山、海外名山来吸引你的眼球。在这种转变之后隐藏的是大剂量广告注射后的疲劳，是信息过剩时代的到来。剑走偏锋成为企业产品宣传惯用的模式。产品产地、制造技术、功效、安全性以及附带的文化，都成为企业攻占消费者购买心智的砝码。有些企业为了抢占宣传制高点，玩些移花接木或子虚乌有的花样，如改变产品产地、夸大产品功效等。

　　2004 年 7 月，在中央电视台综合频道及其他一些频道上，大家会看到这样一幅融洽的广告画面：三口之家其乐融融，孩子天真烂漫，年轻的父母一脸幸福……北京新兴医院这则以"孕育生命、关爱未来"为主题的广告一经播出，便引起了行业大地震。很多业内人士认为，北京新兴医院进行了由打造知名度到提升品牌形象和美誉度的大革命，有可能迅速迎来医疗服务市场坚冰融化的明媚春天。在众人眼中，北京新兴医院这艘专业医疗服务航母的品牌之旅已经起航。

然而，到2004年8月，大好形势急转直下，北京新兴医院突然遭遇媒体寒风。2004年8月2日，上海的《瞭望东方周刊》刊登出一篇《北京新兴医院巨额广告打造"包治百病"神话》的报道。在此文中，新兴医院成为人们质疑的焦点，白大褂下面包藏的是江湖骗子的身影。文中称，伴随着至少20家电视台和其他媒体铺天盖地的广告，自称是国内专业医治不孕不育症"超级航母"的北京新兴医院，其名字正为越来越多的不孕不育夫妇和他们的亲属所熟悉。而新兴医院对自己的技术过分自信，把话说得太满，"铺天盖地的广告有夸大的成分"。

此篇报道成为投在媒体界的一颗重磅炸弹，各大报纸、网站纷纷转载。牵一发而动全身，虚假广告只是新兴医院露出真面目的开始，内部更多的问题随之逐一曝光。患者对北京新兴医院的投诉如雪片般飞往各大媒体，范围也远远超过先前的夸大宣传，如高额收费、医生资质、用药过程、治疗效果等都有涉及，这对新兴医院无疑是雪上加霜。短短几天，《北京青年报》、《新京报》、《中国经营报》等都参与到对北京新兴医院的讨伐中。

"假洋鬼子"欧典吹起的口碑大泡泡则是"地板的原产地在德国"。

《阿Q正传》中假洋鬼子的形象可谓是深入人心，假借国外之势，作威作福，却漏洞百出，惹人发笑。谁也没想到，百年之后，一个中国家喻户晓的地板品牌，也扮起了假洋鬼子。

"欧典，真的很德国"，"欧典地板，2008元一平方米，全球同步上市！"2004年，欧典的广告铺天盖地，仿佛在向世人昭示今年是个"欧典年"，"欧典"成了高贵优雅的代名词，人们把欧典同小资、贵族生活等同起来。借助虚构原产地效应，欧典开出每平方米 2008 元的不菲高价，购买者仍是趋之若鹜。

2006 年 3 月 15 日这一天，欧典苦心耕耘 6 年的神话转眼间破灭，一直辅助它加速的"3·15"油门，猛然间变成急刹车，神坛顿时成为箭靶。对于欧典的一夜坠落，有人曾这样描述，"成也'3·15'，败也'3·15'"。2006 年 3 月 15 日，欧典精心编造的谎言被中央电视台一剑刺穿，所谓德国、海外基地这些原本给欧典增添光彩的皇帝外衣顿时成为欧典的紧身衣，欧典欲挣不能，瞬间陷入口诛笔伐、撤柜退货的尴尬境地。

对于欧典，消费者有自己的刻板印象，他们曾经受欧典广告"洋血统"的影响而把欧典刻板地等同于贵族生活；"欧典门"事件后，他们原先的消费信任心理开始崩溃，欧典成了假洋鬼子、骗子。如今，对于欧典的负面刻板印象依然阴魂不散。事实上，欧典复出能搬上台面的就是反复的道歉和质量保证的证明。而要抚平消费者的伤痕，欧典需要付出比重塑品牌更大的代价。

如果企业或企业家刻意在脱离现实的虚无中导演一场轰轰烈烈的造神运动，那么他的结局大抵不会得偿所愿。

当某个企业或企业家利用舆论造势，吹起一个又一个口碑大泡泡，最后夸张到只有他们自己才相信他们的牛皮是真的时，漏洞也就越来越明显，有意或无意被这些罩着光环的企业和企业家利用的社会舆论就会"反水"。此时，企业或企业家吹起的大泡泡，可能会破裂得一塌糊涂。

利用社会舆论对企业品牌造势需要独辟蹊径，但是应该做戏而不是做计，知名度不是夸出来的，原始积累不是掠夺来的，欺诈难以天长地久。对企业来讲，失诚信者失天下，一旦做计被戳穿，就是失信于消费者，必然会被消费者所抛弃，被竞争者所超越。一味地炒作不仅是本末倒置的行为，从长远来看,更是自己点中自己的死穴。

　　因而,品牌造势要适可而止,注意把握度。在这个世界上,没有绝对的完美,在舆论宣传中一味为企业家或自己的产品镀金,掺杂太多的水分,就等于是在欺骗社会公众,一旦东窗事发,就会陷于多行不义必自毙的境地。

口无遮拦的"窄门原理"

　　有这样一则报道,一名乘客拖着旅行箱在重庆机场登机时,旁边的乘客要求移动他的箱子,结果这位乘客大喊"别动,箱子里有炸弹"。一句话立刻在机场引起混乱,机场公安、消防、救护等应急救援车辆、人员迅速赶往停机坪。并下达了"暂停上客,附近正在上客的飞机赶快拆登机桥,迅速将飞机撤离到安全机位"的指令。口吐"危言"的旅客,最后被地勤人员带走。一检查,箱子里哪有什么炸弹,只是他一句玩笑话而已。但因其行为已触犯《民用航空安全保卫条例》和《刑法》有关规定,该乘客被拘留了15 天。

　　或许,这位乘客只是想搞个小小的恶作剧,但恶作剧也要分场合。舞台上表演恶作剧是艺术,朋友聚会时搞恶作剧是调剂,而在视安全为生命的机场搞恶作剧,则是"冒天下之大不韪"。因为场合不同,玩笑话的性质与影响力也截然不同,学会"到什么山唱什么歌"很重要。

做人如此,做企业更是如此。企业的天职是经营,而获得相应的利润,创造一定的经济效益和社会效益则是企业的本分。千万不要不在其位,却乱谋其政,说一些不该说的话,做一些不该做的事,甚至触及某些底线。

近年来,房价一路走高,房价高企带给我们一场尴尬难言的民生大考。房地产是"暴利"行业,但"暴利"也不要过了头,在理性范围内涨才是正道。"居者有其屋",是政府实现民生的一个最基本的要求,百姓买不上房,政府自然不能袖手旁观。如果泡沫越涨越大,超过了经济安全警戒线,政府一定会出狠招,到时候吃亏的恐怕还是房地产商。

老百姓买不起房,就把账都记在房地产开发商头上。中央政府频频出台房产调控政策,且调控政策愈演愈烈,但是房价仍是居高不下,如此一来,中央政府对开发商当然也不会笑脸相迎。此时,房地产开发商应当老老实实行商,尽量低调,避免祸从口出。然而,华远地产股份有限公司董事长任志强却逆势而行频频发牢骚。

任志强不顾众怒,为高房价煽风点火,屡屡抛出雷人语录:"高房价可控制人口增长与人口素质","现在不是房价拐点,我的房子不会降价","房地产不是暴利行业,农民工也买得起房子","中国人太有钱,房子太便宜","买不起房为什么不回农村去"……

2009年6月,房产大嘴任志强似乎又找到了"炮轰"政府的由头。他愤愤不平地在他的博客中说:"几天前先收到了税务总局的通知说要来查税,名单中有大量的房地产企业,其中包括华远集团公司,大约一是看是否偷税漏税,以弥补财政收入下降的损失;二是看看税收在房价中的比例。"

政府查税,仅仅是因为任志强所说的那两点理由吗?不见得,背后一定还有更深的含义。像任志强这样频频发牢骚,恐怕已经让很多人听了不舒服了。不能只是图一时嘴快,一旦留下什么把柄,怕是会有人不依不饶,那可真是祸从口出了。

2010年12月8日，当当网顺利上市，当当网创始人、联合总裁李国庆被成功冲昏了头脑，连续发表了多条惹众人围观的微博。

微博中，有他对自我成功的自诩，"当我作为成功人士站在纽约，真为大陆崛起感到自豪。我在婚前有过几任女友，不是同时，间隔半年多。那是出国热的年代，每任女友都出国了，每次机场告别，我们相拥哭泣，但我都拍着对方后背说：'不是我们不相爱，而是大陆太落后了，那里能带给你更精彩的人生，这不是个人悲剧是民族的啊。'以至于我的老司机一见我恋爱就说：'这回别被骗了'"。也有对初恋女友的刻薄，"想起16年前，她被评为北京小姐，和名人出入大场面，而我创办的图书公司还在地下室，她当时认为我是'在垃圾上跳舞'，没前途"。还有对当当网机构投资者毫无遮掩的开骂，"美国人很实际，你骂他们是孙子，只要赚了大钱他们还舔你屁股"。

李国庆的微博引来众多围观，叫好者少，抨击者多，"当当老李疯了吧，还是账号被盗了"，"范进中举的事以前只是书中读过，今天微博里又遇到了"，"当当网有你这么个高管，以后还是绕着走吧"。

李国庆的口无遮拦导致当当网的股价急转直下，连网友都要求李国庆闭嘴了，"李总，当当一直在跌，不能再随意开口了，我在29元买了你们股票，套牢中，拜托啦"。

一板一眼的商业剧中，多了些"狗血"和八卦的味道。李国庆不得不以大局为重，公开道歉："我口无遮拦，多有得罪，请海涵。"

社会心理学中，有一个著名的"角色理论"，大意为每一个人在社会中都扮演着一定的社会角色。角色并非是自己认定的，而是社会客观赋予的。每一个社会角色都代表着一套社会标准，履行着某种社会职能，指明了一个人的社会身份。任何人的言行都要顾及自己的角色和地位，把握时机和场合，对该做什么、说什么，不该做什么、说什么，心里都要一清二楚。如果出现角色错位,违背社会标准,出现话语的越轨,就会引发混乱,给自己带来不必要的麻烦。

　　企业家万不可把鸡毛当令箭,自以为有了话语权,就可以滥用。泼出去的水,说出去的话。话语权也有界限,一旦越了界,再想把话收回,未免太迟了。

千篇一律的盾牌：当失声与嘴硬沦为泛滥

对于企业，出现突发性危机是不可避免的事，即使危机犹如天塌地陷，企业也要从容应对，不能茫然无措，更不能漠然视之。因为一旦危机处理不好，即使是一个不起眼的小危机，也能转动大乾坤，给企业造成巨大损失，甚至带来灭顶之灾。

一旦企业陷入危机，企业的一举一动就会备受关注。一个在平日把谦虚视为成功秘诀的企业，若在危机来临之时选择骄傲地昂起头颅，那么，这种言行不一的行为只能放大企业的错误，让公众对他的信任变成怀疑。

有人曾经这样阐释人对死亡的恐惧：人之所以那么惧怕死亡，是因为人们对死后的归宿充满了未知，不知道要去的那个地方到底是备受煎熬的地狱还是尽享荣华的天堂。如果发生危机后，企业失声或者嘴硬，拒绝与消费者进行真诚的沟通，人们就无法通过正确的渠道获得信息，只能捕风捉影地猜疑,从而进一步引发对企业的群体性信任危机。

一味采取鸵鸟埋沙式的逃避政策,在公众眼里,往往是企业欲盖弥彰的手段。

前面提及的欧典地板,在被"3·15"晚会曝光后,还打肿脸充胖子,不肯承认失信于消费者,反而为他们编织的神话辩解,言之凿凿、振振有词:

致欧典地板消费者及关注欧典企业的朋友

首先,我们对中央电视台"3·15"晚会关于欧典地板的报道给消费者带来的影响表示深切的歉意。

为了感谢消费者对欧典的关爱,我们非常真诚地对报道所涉及的问题向消费者作一个说明:

一、"欧典"商标持有人:北京欧德装饰材料有限责任公司;"欧典"商标注册国家:中国、美国、德国、日本、瑞典、挪威等16个国家与地区。

二、欧典所销售的产品包括进口和国产两部分。

1. 进口产品生产系列及国家

(1) 真木纹2008、真木纹2004宽甲板、窄甲板系列,生产制造商:德国汉贝格工业集团。

(2) 真木纹2004长甲板系列,生产制造商:比利时优琳木业。

(3) 第四代船甲板系列,生产制造商:德国爱格木业。

2. 国产系列产品生产制造商:吉林森工股份公司北京分公司等。

三、关于欧典的宣传问题:

此次所报道的内容是欧典在企业形象宣传层面所出现的失误。在欧典2004年企业宣传手册中,欧典错把其在德国合作的生产基地,误写为德国欧典企业,此手册发出后,我们立即发现了问题,并已经进行回收处理,而且重新赶印了新的宣传手册。

　…

为彻底戳穿欧典的谎言，围剿欧典的全民运动开始了：北京市工商局组成调查组，对欧典骗局展开调查，不出所料，欧典确非源自德国；记者专访欧典地板生产基地吉林森工北京分公司，其公司内堆积着大量包装好的木材，工人明确告诉记者，他们同时为欧典和德赛龙加工地板，同级地板，两种品牌材料完全一样；记者通过多方探访得知，欧典地板价格与进价严重脱节，2008元每平方米的天价地板，进价仅为五六百元。就这样，闹剧落下帷幕。等欧典董事长闫培金醒悟过来，试图以道歉挽回欧典颓势时，为时已晚。

嘴硬不是硬道理，沉默更不是。

2007年，年仅32岁的江西富豪彭小峰以近400亿元的身价杀入胡润百富榜，位居第六，成为富豪榜中的一匹极速黑马。然而，商海瞬息万变，一个意料之外的危机让彭小峰的赛维LDK太阳能公司的股票市值蒸发了一半。

祸起萧墙，赛维LDK的这场危机源于内部：一位名为查理（Charley）的公司前财务控制职员向美国证券交易委员会及投资银行不断发送电子邮件，声称赛维LDK虚报财务库存，如公司截至某段时间实际库存约750吨，账本上却记录1000吨；公司的退货率高达10%，但记录在案的却是3%。很快，赛维LDK太阳能公司在美国纽约交易所遭遇股价跳水，10个交易日内缩水一半，最终收于35.73美元，而股价曾经的最高峰为76.75美元。作为赛维LDK最大的股东（持有72.13%股份），彭小峰的身价从400亿元跌至200亿元。

针对查理的财务爆料，赛维LDK的反应迟钝。事件发生后不久，赛维仅在英文网站上对外发布公告：LDK公司已组建了一个内部的审计委员会展开库存调查，检查了LDK公司多晶硅原料的物理库存，而塞维的财务库存数据与公司的实际库存并没有矛盾。赛维LDK盘查完库存后，聘请毕马威会计师事务所再次进行查验，并将在查验完毕后出具一份报告以正视听。

除了一纸简单的声明和高管寥寥几句争辩，赛维LDK对事实真相一直讳莫如深,拒绝接受媒体的采访,并且不与任何监督机构联系,冷漠地背对公众。赛维 LDK 沉默着、淡漠着,仿佛演戏的是别人,自己只是一个看客。笼罩在信息不对称阴影中的公众已如惊弓之鸟,而赛维 LDK 的拒绝沟通则加重了公众的疑虑,赛维 LDK 股票由此受到牵连。

或许,时间可以证明一切;或许,真相终将大白。然而,这需要等待,在等待的煎熬中,时间被拉长,公众开始焦躁不安。彭小峰在等待中蒸发了200 个亿,这就是等待的代价。

经济学上有一个著名的理论叫柠檬市场理论。柠檬市场,又称次级市场,即信息不对称的市场。在市场交换中,产品的卖方对产品的质量拥有比买方更多的信息。信息的不对称让买方对卖方的产品充满了猜疑,在这种不安全感的驱使下,买方不肯贸然出手,即使出手也会把产品价格压到最低,以此来减少信息不对称带给他的风险。同时,买方也会积极通过种种渠道,如媒体,来寻找信息源,获得较为准确、全面的信息,从而为理性选择卖方提供了知识储备。一旦卖者出现疑点,若不及时澄清纠正,买方构建的心理预期就会出现崩溃,对卖方不再信任,这对卖方无疑是个致命打击。

面对急于知道事实真相的公众,有些企业丝毫没有打开信息渠道的意思,面对记者,不是"无可奉告",就是以"请你们(记者)尊重别人"这样的告诫式言论回击。企业越是坚壁清野,媒体和公众就越是怀疑它在推卸责任,揭露真相的好奇心就大有水漫金山之势。

当企业陷入危机时,企业不应再做把头埋在沙子中的鸵鸟,而是应该主动打开种种沟通渠道,向公众澄清事实真相,告诉他们到底发生了什么,企业的态度如何,危机公关到了什么地步,以此来削减信息不对称的状况,填充公众的信息空白,扭转公众的信息误区。

倘若企业在出现危机时嘴软一些,放下财大气粗的架子,保证与消费者、媒体的沟通渠道畅通无阻,危机的势头就不至于如此凶猛。

与媒体斗，灰头土脸

　　艺人不能轻视自己，正确引导很重要。这十余年，全社会对我很宽容，无数的观众支持我走到今天，众多媒体也是功不可没。我承认在八月份伤害了很多人。人不错成仙，马不错成龙，知错要改！我向全社会及观众媒体北京台致谦！我要反思。

　　这是擅长口舌之功的相声演员郭德纲通过微博发出的致歉信。郭德纲因"弟子打人"事件与北京电视台周旋，一开始表现得很强势，但最终还是服软了。

　　打人事件后，郭德纲将此事编成段子，对记者破口大骂，明确表示："所以说啊，有时候，这记者啊，还不如妓女。我一直在想，这妓女在红灯区活动，记者呢在绿灯区，想去哪儿就去哪儿。"郭德纲又在其博客上发表了一篇名为《有药也不给你吃》的文章,用充满火药味的言辞首次正面回应了此次事件,力挺徒弟为"民族英雄",这无疑是一种护犊子行为。

艺人与媒体斗,尤其是在自己的小辫子被媒体攥在手中时,大多都结局惨淡。一方面,媒体人多势众,得罪不起。媒体的威力不可小视,可以在一夜之间捧红一个人,也可以在一夜之间毁了一个人。与媒体结仇,最终吃亏的还是自己;另一方面,有的时候自己也不完完全全清白。

郭德纲的这个教训,也值得企业借鉴。

2006 年,沸沸扬扬的富士康"血汗工厂"事件,也让富士康实实在在尝到了得罪媒体要吃亏的滋味。

2006 年 6 月 14 日,向来被鲜花和掌声包围的富士康,突然深陷传媒风暴。英国《星期日邮报》惊爆内幕:深圳富士康——苹果的代工厂为"血汗工厂"。

《星期日邮报》的犀利报道,引起国内媒体的连锁反应。《第一财经日报》嗅觉最为灵敏,首先抓住这个题材,顺藤摸瓜进入 iPod 之城。2006 年 6 月 15 日,《第一财经日报》刊发记者王佑的文章《员工揭富士康血汗工厂内幕:机器罚你站 12 小时》再一次掀起国内关注"富士康"的热浪,富士康被牢牢打上"血汗工厂"的烙印。而让该记者没有想到的是,就是这样一篇揭露内幕的文章让他惹上了一桩天大的官司。

对于国内舆论,《星期日邮报》只是导火线,《第一财经日报》则是瞬间引爆的本土炸弹。公众和媒体对富士康的关注不断升级,网上热议不断,不少网民跟风叫嚷,甚至已经开始用脚投票,富士康的危机在聊天室内、QQ 群里、口耳相传中迅速蔓延。面对突如其来的负面报道,富士康公司统一口径。富士康子公司深圳龙华基地外联部对外宣称:"富士康完全按照深圳劳动监管部门要求用工,深圳市劳动监管局可以到工厂去检查。"富士康母公司台湾鸿海集团召开记者发布会,矢口否认其子公司富士康有"血汗"嫌疑,而鸿海集团更是一向合法经营的"良民"。

但是"良民"所言无人相信。没有权威调查依据的保驾护航，富士康强硬的言论只能被关注这件事情的媒体和公众视为强出头，是向他们的知情权叫板。这种危机处理模式强硬而幼稚，显然不可取。

危机管理界有种说法，"坏消息在你的手中握得越久，情况就越糟糕"。富士康不提供信息，中国的媒体只能自力更生，发现真相。6月22日，《第一财经日报》记者王佑二进 iPod 之城，"血汗工厂"在一名离职女工的讲述中，再次浮出水面，使公众一览富士康员工的艰辛与无奈，公众对此气愤不已。

在媒体的进一步描述中，富士康强词夺理的嘴脸深入人心，企业形象一败涂地。依然保持强硬态度的富士康为了维护自身形象，只能南辕北辙地一步步走向媒体和公众的对立面。

在整个"血汗工厂"事件中，富士康这个危机主角更像是一个盲目的冲锋者，尽显幼稚粗鲁。它不但气势汹汹、目中无人，继而还发展到漠视公众感受，恃强凌弱。

2007年7月10日，台湾鸿海集团的旗下公司鸿富锦精密工业（深圳有限公司），以名誉侵权纠纷为由，向《第一财经日报》编委翁宝、记者王佑提出总额为人民币 3000 万元的索赔。

富士康仗着自己身躯庞大，一下子压到小虾米的身上，殊不知正好将自己一丝不挂地暴露在放大镜前，原先脚下踩着的事实薄冰，瞬间化成舆论的汪洋大海。

富士康起诉记者案一经爆出，全国各大媒体纷纷挺身而出，全力支持《第一财经日报》的被告编委和记者。首先，《第一财经日报》发函谴责富士康，其公函中称："记者报道属于职务行为，报社将动用资源支持两人全力应对诉讼……针对贵公司采取诉讼保全措施，查封两人个人财产的做法，本报表示强烈谴责。我们相信贵公司这种以公司组织行为针对记者个人的做法，将为整个中国新闻界所唾弃。"

其他媒体也以种种方式，或谴责或控诉或动员来表达对富士康的不满及对被告人员的支持：《21世纪经济报道》主编刘洲伟认为，新闻报道是记者的职务，富士康起诉个人使媒体的报道权受到威胁，这种威胁同时意味着公众的知情权会受到限制；《京华时报》社长吴海民认为，记者是代表报社发表观点和报道，现在把记者推上被告席是欺负人的做法，大家应该团结起来，共同抵制这种行为，不能允许这样的事情发生；《中国经营报》总编李佩钰称这是一个典型的反面危机公关的案例，企业的做法极为不明智；《经济观察报》总编辑何力认为："这一举动明显是别有用心的……与其说是企业起诉的一起法律行为，不如说是对记者正常新闻报道的一个威胁。"

富士康公司的一纸诉讼，并没有如预想的那样压制住"血汗工厂"的舆论，反而将自己推上与社会抗衡的不利局面，"偷鸡不成反蚀一把米"。社会舆论的负面导向让富士康在民众心中臭名远昭，而且媒体旧事再提，使得富士康骑虎难下，在中国更难做"人"。

舆论的口诛笔伐、民众的愤怒让富士康这个不可一世的大鲸鱼感到了压力和恐慌，它开始明白杀鸡儆猴这步棋走得不仅不奇，反而将自己拉入漩涡中。识时务者为俊杰，富士康开始学乖了，正式撤销了对《第一财经日报》的诉讼，与《第一财经日报》和解，干戈终化玉帛。

当代社会是一个风险社会，对风险的深刻洞察让"媒体为王"顺理成章地成为当代常识。从19世纪末以来人们就都能感受到科技的巨大威力，其中信息处理和传播技术的一日千里，更是让媒体猛虎添翼，成为跨越国界的力量。媒体让"疯牛病"横冲欧洲、亚洲、美洲，导致人人自危；媒体让电磁辐射致癌的消息给摩托罗拉当头一棒，一把将其股票拉下水；媒体，让安然、爱尔兰银行、安达信的财务问题一波未平一波又起。

对此，具有远见卓识的企业家认为，是媒体帮助企业防范更大的危机；而深陷危机漩涡的企业高管认为，是媒体导致危机。

套用罗马法学家乌尔比安的名言，媒体真正想赢得的，不是一般的掌声，不是压倒被曝光者的快感，而是通过"善良和公正"以及"专业的尊严"，得到外界真正的尊重。媒体扮演的是信息传播者的角色，与媒体为敌，就是变相地与不知情的公众和社会为敌，企业怒发冲冠，只能瞬间陷入"一个人战争"的孤立无援中。

中国大多数陷入危机的企业管理者属于后者，视媒体为洪水猛兽，决定以力相搏，低调者是"无可奉告"，高调者则要将媒体"绳之以法"。这是非常不可取的舆论处理方式。

还是以富士康为例。富士康这一招，大不合世界发展规律，小不合中国国情。即使从人之常情来看，也是欺软怕硬，道理全无。点燃富士康"血汗工厂"事件导火线的是《星期日邮报》，而《第一财经日报》只是借势深入报道而已。鸿海集团也数次在媒体面前表示保留对《星期日邮报》的诉讼，到头来，将焦点放到《第一财经日报》的编委翁宝、记者王佑这两个"手无缚鸡之力"的所谓"小虾米"身上，而《星期日邮报》以及两位被告的庄家《第一次财经日报》被一一放过了。可见富士康的用心良苦：翁宝、王佑是整个事件危机化解中最为薄弱的环节，起诉他们只是针对个人，并非向媒体发难。难道大鲸鱼还摆不平这两个不起眼的小虾米？

然而，企业大鲸鱼是单枪匹马盲目而动，染上官司的新闻记者小虾米却是连动天下，引发舆论群起而攻之。围魏救赵的打官司攻略，只是让它一波未平一波又起，一脚踏进两个危机当中。

当富士康出现危机时，它不仅不急于对媒体的曝光进行证伪，还蛮横地加以否定。否定后仍意犹未尽，杀鸡儆猴，挑战小记者，给中国媒体一个下马威，社会开始愤怒了，力求封杀这个没有自知之明的"疯子"。

　　当媒体曝光企业的问题时，不管问题是真是假，企业应该先别着急，耐心提供证据，解决问题，才是明智的做法。

花钱堵不住舆论洪流

真正的舆论洪流，仅靠花钱是堵不住的。

20 世纪 90 年代，在北京梅地亚中心，秦池集团以 6666 万元天价在央视黄金段广告招标会中一举夺魁，"标王"秦池因表现出的无比冲动和激进气质，其知名度一夜暴涨。"标王"过响的名号以及媒体鞍前马后的报道使秦池一度成为中国最畅销的白酒。

1996 年，秦池集团的老总姬长孔被安排在梅地亚最醒目的主桌主位上，作为企业家代表发言，称："1995 年，我们每天向中央电视台开进一辆桑塔纳，开出的则是一辆豪华奥迪。今年，我们要争取每天开进一辆豪华奔驰，开出一辆加长林肯。"这一年，秦池以 3.212118 亿元蝉联"标王"，而这个数字简单得没道理——竟是姬长孔的手机号码。

1997 年 1 月，《经济参考报》刊出一条新闻，称秦池山东基地的年产量是 3000 吨原酒,难以满足市场源源不断的需求,秦池便从四川的一些酒厂收购原酒进行勾兑。此时,姬长孔正志满意得地赶赴北京领"中国企业形象最佳单位"的奖。《经济参考报》的爆料,很快在媒体中引发连锁反应,那些曾经将秦池的形象描述得无比高大的报刊,又以迅雷之势转载和报道秦池的勾兑行为。

已经习惯站在神坛上的姬长孔,根本不知道如何体面地从神坛上走下来。不知所措的他,除了花钱收购报道,想不出更多更好的办法。然而,包裹真相的纸已经很薄了,包不住更猛烈的火势,大部分媒体更愿意乐此不疲地揭露"标王"背后隐藏的血腥。秦池销售额连续走跌,到了 2000 年,秦池连 300 万元的贷款都还不起了。

花钱封堵不成,反而弄巧成拙的案例,不止秦池一家。

2004 年,石家庄的春天阳光明媚,生机盎然,三鹿却遭遇到前所未有的打击——被列入了阜阳市劣质奶粉黑名单。危机乍现,三鹿长袖善舞,在刀尖上自由旋转,演绎了一段精彩的危机公关剧……然而,四年后,物是人非。在"三聚氰胺"事件之后,迫于社会的巨大压力,这家由街道妇女为骨干,以 32 头奶牛和 170 只奶羊白手起家的乳品企业,在经过半个世纪的由默默无名到脱颖而出的创业历程之后,最终折戟沉沙,以死谢罪。

三聚氰胺毒奶粉吃出结石宝宝的事件被媒体披露之后,三鹿危机管理还是在按常规操作:试图大手笔买通媒体掩盖真相。当各地消费者陆续反映三鹿奶粉有问题时,三鹿动用权力、金钱公关,使多家报纸封了口。后来,还出现了三鹿拿出 300 万元广告费收买国内某知名网络媒体的说法。

可是,这次事件的影响和冲击远远超出三鹿的设想。事态并未得到想象中的控制,反而愈演愈烈。最终,在道德的谴责和企业信誉的崩溃下,三鹿终于还是破产了。

促使三鹿走向"不归路"的根源首先还是在于中国有一批类似三鹿这样

的企业，他们为了追求企业利润的最大化，不断游走于灰色地带。

中国制造被他们当做"江湖制造"，办企业被认为是"跑江湖"和"赌人生"。责任、信誉、质量与安全，只是他们口头作秀和自我包装的工具。他们把提高舆商当做一门浅显的学问，认为舆商的本质就是买通媒体，掩盖真相。也许，这样的危机处理偶尔也能成功。但是，只要忽略了企业生存的根本——质量和信誉，一旦背弃了道德与良心，就会应了那句话"出来混，终究是要还的"。

买通媒体虽为掩耳盗铃、用来应急的缓兵之计，但也可能会成为部分媒体"要挟企业"永远的把柄。一旦企业的小辫子被揪出来，大部分媒体会扮演不依不饶的角色。企业试图花钱堵住记者的"嘴"，只能堵一时。哪天这位记者或这家媒体不高兴了，照样会将企业的问题公布天下。哪怕是陈谷子烂芝麻，只要是企业尤其是品牌企业的瑕疵，总会引来不少不明真相的围观者。

其次，并不是所有的媒体都会在企业打出的"糖衣炮弹"中沦陷，媒体也有良知和责任。

再次，社会舆论的边界远远超出了媒体。除了媒体，还有日渐开放、相对自由的社会化舆论。以前有一句笑话，说的是以前在网上，不知道对面是人是狗。而现在，"别说你是条狗，就是外星人也照样能被搜出来"。

第四章
高舆商的载舟效应

- ◆ 企业家金玉良言的晕轮效应
- ◆ 塑造良性品牌的软武器
- ◆ 字里行间的利润游戏
- ◆ 危机切割中的"四两拨千斤"

企业家金玉良言的晕轮效应

　　企业有商号，产品有商标，企业家也有自己的名字，三者都有品牌。企业的品牌主要有三种，即企业品牌、产品品牌和企业家个人品牌。企业家个人品牌是由企业家本人的名字、形象及性格特征所组成。只要身系企业，企业家在任何时候一出场，他就是企业的形象代言人，正如王石等同于万科，牛根生等同于蒙牛，柳传志等同于联想，马云等同于阿里巴巴。

　　对于初创企业，企业家个人品牌显得更为重要。不管是引进风险投资还是招聘员工，企业家的个人魅力都在其中发挥了关键性作用。而且，消费者也会因为欣赏或崇拜某位企业家，而对该企业家所在企业提供的产品或服务刮目相看。

　　1997 年美国学者迈克尔·戈德海伯在一篇题为《注意力购买者》的文章中指出："获得注意力就是获得一种持久的财富。在信息爆炸的新经济下,这种形式的财富使你在获取任何东西时处于优先位置。因此,注意力本身就是财富。"眼球经济时代,如果企业能得到公众关注的聚焦,便能很容易在消费者的购买心智排行中居于优先位置。

与企业品牌、产品品牌相比,企业家个人品牌有着更多的优势。前两种品牌塑造多依靠硬性广告,因此成本较高,而企业家个人品牌则可通过成本较低的软性广告提升,并且投入少,效果好。

企业家个人品牌打造应该成为企业品牌战略的重要组成部分。作为企业的形象代言人,企业家往往要在气质上胜他人一筹,这是因为在某种程度上,企业家的气质决定了其所经营的企业和产品的品质。

柳传志有言:"会做,不会说的,是傻把式;会说,不会做的,是假把式;能做,又会说的,才是真把式。"三个"把式"道破天机。

在中国,尽管企业家们尚未走出社会的"仇富"阴霾,但这并不妨碍他们因做好企业而一举成名。喜欢站在镁光灯下的搜狐老总张朝阳,认为"在当代中国,创造财富、拥有财富是高尚的、时尚的、光荣的,这可以提升到道德的高度"。

与频频放大炮的任志强相比,王石的"阳谋"要更得民心。

社会对于企业家就是一面镜子,王石深谙此道。一直以来,他传递给社会的大部分信息都显示万科是有社会责任感、地产良心的企业。万科公司的价值理念是:"做简单不做复杂,做透明不做封闭,做规范不做权谋,做责任不做放任。"王石放出"要让人人有房住,高房价也会伤害到开发商","地产业创造阳光财富,万科不做房价领跑者"的豪言,成为一路喊涨的房地产行业中的不和谐之音。

在《南方周末》创刊25周年的活动上,组织者给了王石"企业家"、"登山家"、"不行贿"三个标签,王石从中选择了"不行贿"。草莽英雄仍有立足之地,在行贿成为默认的集体行为潜规则的背景下,王石冒江湖之大不韪,在公开场合坚称自己不行贿，是需要底气的。当"劣币驱逐良币"，行贿潜规则风行之时，为什么"另类"的万科还能坐上地产龙头的交椅？王石对此作出如下解释：

"一些商人、企业家通过贿赂官员，获得特权或机会，确实能在短时间内赚取大量财富。但问题是，一旦官员仕途中落，或者贪污被查，则往往是扯出萝卜带出泥，导致企业一蹶不振，甚至同样面临牢狱之灾。通过这种模式，即使公司能幸免于难，其竞争力只会越来越弱，很难发展壮大。"

万科在发展初期拿不到市中心的优质地块，只能以较高的价格在比较偏远的城郊地带搞开发，因此被人调侃为是"城乡结合部开发商"。比如，万科早年在深圳拿到的一块地是免税公司的半边工程，地基已经打好，他们没有钱做了，便交予万科接手后四六分成。再就是高价投标拿地，拿到的尽是位置较偏、价格较高、同行一般都不看好的地段。这种形势迫使万科只有付出加倍的努力才能生存发展下去。于是他们建立了干练的设计队伍和营销队伍，认真钻研市场，培养自己的产品竞争力，提供更好的产品，配套更好的服务。最终，这些起点上的不利条件反而使万科走在了行业前面。

王石一直以有良知、社会责任感强的企业家形象出现在公众视野之中。走秀也好，肺腑之举也罢，王石成为众人眼中的房产精英。

无论是企业，还是企业家，都是社会发展中的链条，即使富可敌国，也不可能游离于社会之外。原因在于消费者、媒体、政府、供应商、经销商等诸多位居企业上游或下游的角色，无一不是社会体系中的有机分子。欲维持彼此之间良好、健康、稳定的关系，企业、企业家就要责任先行。无论是"拐点论"、"降价风"、"不行贿"宣言，还是规劝"年轻人四十岁前不要买房"的建议，都是可以拿到阳光下晒晒的正面言论，不仅顺应政府宏观调控的大势，也响应民众要求降价的呼声。虽然同行不买王石的账，眼睛雪亮的消费者却愿意买。不但王石、万科被戴上了"有社会责任感"等顶顶光鲜的帽子，万科的销售业绩也比同行高出很多。

降的是价格，升的是口碑。顺应政府调控和百姓呼声，适当下调利润收入，主动做出表率，都会给一个企业树立良好的口碑。这些举动看似使企业遭受了利润损失，实际上却换来了企业形象、品牌口碑的提升，比做广告更有效。这，就是姿态的魅力。顺时而动，就可以声名鹊起，就会获得政府和民众的支持。即使在房地产泡沫破灭以后，也会因往日良好的形象获得新生。

王石把阳谋智术运用得游刃有余，既为自己的经营赢得口碑，避免了行业危机殃及万科，又给社会民生带来正向效应，有效地实现了企业效益和社会效益的统一，实在是一石二鸟的"良商"举动。

品牌因人而异，每个企业家在打造自身品牌时也需要彰显其自身特色，才能实现差异化，创造出独特的魅力，保持个人品牌的长久生命力。所以，企业家不能简单地把自己看做一个人，而应该把自己打造成企业以及产品品牌传播的超级媒体，为企业赢得更多更好的口碑。

而打造企业家个人品牌要注意方法和策略，常见的打造企业家个人品牌的方法主要有以下四种：

● **传统媒体**

在媒体为王的时代，媒体往往可以成为企业家打造个人品牌的强有力的工具。尽管新兴媒体以锐不可当之势挤进传媒领域，传统媒体由于其根深蒂固的影响，依然占据着半壁江山，各种传统媒体如电视、报纸、杂志等，仍然拥有其忠实的粉丝，所以，传统媒体的传播功效不可忽视。

● **新兴媒体**

随着互联网技术的发展，互联网逐渐成为信息传播的另一重要渠道。如互联网络中的博客、微博、个人主页等，都能成为企业家包装自己的金粉、银粉。此类传播渠道具有传播速度快、受众广、转载率高等优势,几乎是企业家的免费宣传平台,并且传播效果事半功倍。万科集团的王石、SOHO 中国的潘石屹、春秋航空的王正华都是善于利用博客宣传自己的高手。

● **峰会和论坛**

峰会和论坛是打造企业家个人品牌的绝佳平台。它们为企业家提供了相互交流、沟通和展示个人魅力的机会。企业家要勇于抛头露面,敢于在众人面前表达自己的观点,发出自己的声音。汇源果汁的朱新礼、皇明太阳能集团的董事长黄鸣等,就频频高调出席各种论坛和峰会。他们这样做不是为了出风头,而是想以自身为媒介,宣传企业产品和文化,从而提高自己和企业的知名度。

● **企业家个人图书**

前三种打造途径为阶段性和区域性的,具有成本低、见效快等优势,但往往缺乏稳定性和长久性。利用企业家个人图书的二次传播功能,则可以成为一种较为全面合理的打造企业家个人品牌的重要途径。

企业家个人图书的优势在于,它不但将现有的资料做了很好的整合,将企业家及其企业的独特魅力和风采翔实、充分而具体地展现了出来,还在事实的基础上加以提炼、升华,提升到文化层面,达到形象鲜明、个性突出、具有时代特色的宣传效果。企业的成长过程、企业家的成长轨迹以及企业的文化、管理理念等,都能作为一笔宝贵的精神财富长期储存在人们的记忆中,成为企业永不过时的招牌。

一部《联想为什么》,让柳传志成为商界、IT 界的一面旗帜,也让联想声名鹊起,成为业界巨头;一本《棋行天下》,成就了空调女皇董明珠的商界传奇;《蒙牛内幕》让乳业大王牛根生家喻户晓;《谁认识马云》使电子商务之王马云在媒介纵横驰骋……这就是书的力量。

通过宣传企业家个人品牌可以产生巨大的效益:没有马云的个人魅

力，阿里巴巴在香港上市时如何能创造出 200 亿美元的市值；而巨人网络在纽约踏上上市征途之时，史玉柱的个人品牌效应绝对功不可没……即便投资人有可能并不非常认同阿里巴巴或巨人网络，但也会因为相信这两家企业领导人的个人能力而愿意投资。这就是企业家以媒体为媒介，向社会传达正向的舆论信息，打造个人品牌，实现企业超常规发展的价值所在。

塑造良性品牌的软武器

企业品牌的价值是多重性的,其真正的价值不是创造品牌所付出的成本,也不完全在于有品牌产品与无品牌产品相比,可以获得更高的溢价,品牌最重要的价值在于可以使其所有者在未来获得较稳定的收益。它是公众认识产品的一张名片,是无价财富。

品牌竞争,能够超越价格这一低端竞争状态。同时,好的品牌也具有不可复制性,能够被人们轻而易举地从众多品牌中区隔开来。塑造品牌不外乎提高品牌知名度和美誉度两种,不管是提高知名度还是美誉度,都离不开媒体对品牌的造势作用。

阿里巴巴开业时,注册资金为 50 万元,共有 18 人。马云提出三个目标:

第一,我们要建立一家生存 80 年的公司。

第二，我们要建设一家为中国中小企业服务的电子商务公司。

第三，我们要建成世界上最大的电子商务公司，要进入全球网站排名前十位。

第一个目标，大家顾不得论证，因为大部分人活不到 80 年之后；第二个目标无需论证，因为这是阿里巴巴的盈利模式；第三个目标，大家将信将疑，因为这一目标距离注册资金只有 50 万元的阿里巴巴的实力，差的不是一星半点。

不过，如果一年过后，马云再重复他的目标，就有人相信了。

幸运的阿里巴巴，在上线不到半年的时间里，就被全球畅销的《福布斯》杂志盯上了。他们的在线监测显示，中国一家名不见经传的网站居然成为了全球最活跃的电子商务网站。2000 年 7 月，穿着蓝花格子衬衫，袖子卷起，笑得欢畅的马云，成为第一个登上《福布斯》杂志封面的中国企业家。

《福布斯》如此介绍阿里巴巴："阿里巴巴自 1999 年 3 月 10 日成立以来，已汇聚了全球 25 万商人会员。每天新增会员数达到 1400 人，新增供求信息超过 2000 条，是全球领先的网上交易市场和商人社区。"

阿里巴巴，几乎一夜成名。《福布斯》心甘情愿地为这个不知名的网站做了一回广告，而阿里巴巴就这么被天上掉下的一个巨大的馅饼结结实实地砸上了。

可见，在塑造良好企业品牌的过程中，社会媒体发挥了重要作用。社会媒体通过报纸、电视、网络甚至广播等渠道，将企业的发展状况、慈善活动以及企业家个人魅力等信息，源源不断地输送到公众面前。久而久之，公众头脑中就会对他们视线所不及的那个世界或事物形成一幅图像。如果每天不断报道这个企业的正面消息，公众就会对该企业形成良性印象，对企业产生好感，企业品牌塑造也就实现了从企业到消费者的路径转换。

媒体类型不同，塑造企业品牌的效果也会不同。在中央电视台露一次脸,可能比 365 天每天在街头小报登整版广告更能产生轰动效应。所以,企业在选择通过何种媒体宣传企业品牌时,要多方权衡。可以多管齐下,同时利用传统媒体与互联网,官方与民间等渠道;也可以集中火力,选择影响力较大的媒体。

同时,通过舆论塑造企业品牌的方式五花八门。越是突发奇想,越是出位,就越容易受到媒体的关注,企业品牌塑造的速度就越快。在这一点上,企业可以通过制造某些吸引眼球的焦点事件进行炒作。

2000 年 5 月底,喜欢上网的人们忽然发现,新浪、搜狐、网易等几大门户网站首页不约而同地出现一条爆炸性新闻:温州一家民营公司向美国总统克林顿发送电子邮件,表示愿以 200 万元人民币的年薪"聘请"他在卸任后担任该公司的"形象大使"。信中写道——

尊敬的克林顿总统:

我们是用"真诚"和"敬意"给您写这封信的。这封信凝聚了数千名法派公司员工的心愿和梦想。

我们给您写信,就是希望您卸任后能做我们的"形象代言人"。我们公司的情况在此信中就不一一赘述。总之,"法派"公司是一家生机勃勃、不断向世界水准靠拢的中国服饰企业。

而您,一定对"中国"这个东方国家留下了深刻的印象吧。前些年您到过中国的西安、桂林,我们的一位员工曾有幸亲眼一睹您的风采。但是更多的时候,我们只能通过媒体关注您。

"法派"公司的宗旨是把最精致的服饰奉献给热爱生活、追求卓越的人们。而您的气质、风度及丰富的人生内涵不正是做我们企业的形象代言人的最佳选择?

我们欲以高薪聘请您担任法派的"形象代言人",因而在此极其真诚地对您发出邀请。望我们的愿望能得以实现。

再一次对您致以崇高的敬意！

法派服饰有限公司

这则新闻可谓一石激起千层浪。这家名叫"法派"的公司迅速成为媒体追逐的焦点，顺理成章地登上数千家媒体的头版，其中不乏《华盛顿邮报》、《纽约时报》和《朝日新闻》这样的世界级媒体。

克林顿性丑闻事件已经进入尾声，而他本人则魅力不减，每每提及，都能吸引起国人足够的热情。借助克林顿的名人效应，以及媒体疯狂报道带来的眼球效应，这家此前多少有些默默无闻的服装公司名声大振。

几个月前，法派董事长彭星在欧洲考察期间，无意中听到信息：总统克林顿卸任后可能从事影视业。他下意识地察觉到其中有文章可做。当年"伟哥"上市时，克林顿曾半开玩笑地说自己要给"辉瑞"做广告，彭星对此记忆犹新。他想，"为什么不能花钱请克林顿"为公司代言呢？公司要走国际化路线，挑选品牌代言人就十分重要，如果能聘请到卸任美国总统担任公司的形象大使，引发的效应该是如何轰动。

"没有默默无闻的好企业"，彭星决定"该吆喝的时候吆喝"。回到温州，他便着手开始实施计划。结果大感意外："这么多媒体报道这件事"，就是"拿5000万元到中央台做广告，也没有这样的效应"。法派公司在中央电视台每年投入广告费不下千万，也"从来没有这样好的效果"。

一年后，余波又起。法派意外地收到克林顿妻子希拉里的电子邮件，邮件中前美国第一夫人明确表示，卸任的克林顿愿意认真考虑"法派"的邀请，期待与法派方面进一步洽谈。这封信件再次吊起媒体和公众的胃口，人们纷纷拭目以待。不久，克林顿与彭星在北京会面。事件的两个当事人第一次握手，共进午餐，显示出亲密的关系。会谈结束后，克林顿欣然接受了彭星馈赠的法派西服、衬衫、皮鞋、领带系列产品。

从此之后,双方接触频繁,可并无实质性合作。虽然没有接受法派"形象代言人"的请求,但克林顿对这个极富创新精神的温州人充满好感。法派,也借着克林顿的名气,大大地出了风头。

不过,炒作归炒作,也不能太出格了。如果过于标新立异,反而弄巧成拙,就不好收场了。

字里行间的利润游戏

1995 年 1 月底,相关部门发布数据显示:温州城乡居民储蓄存款达到创纪录的 103 亿元。温州人的财富变成银行账户里的数字,可他们想的是怎样把数字变成活生生的实物。所以,当东风汽车推出新款富康轿车时,温州人一哄而上。

在短短 3 个月的时间里,东风经销商便卖出了 1300 多辆富康轿车。虽然轿车货源紧张,但银灰色的富康轿车却无人问津:一边是静静排着的几十辆银灰色富康轿车,另一边是几十位不屑一顾、拿着提货单嚷嚷着要提车的顾客。"颜色不讨彩,'银灰'、'银灰',温州话谐音为'银不要',连银子都不要,驾驶员不喜欢,乘客也不要坐。"

精神层面的旧观念像一道枷锁使人们迟疑不前。一名叫夏海鹏的记者决心打破魔咒。他在《温州晚报》上发表了一篇题为《人人都说"富康"好,为何"银灰"卖不了》的文章,分析人们的心理。

文章仅发表一天,便有两人购买了银灰色富康轿车。随后几天,无人问津的银灰色富康成为了抢手货。买车现场,顾客们议论纷纷:"汽车颜色并不能帮人挣钱,即便汽车颜色好看,自己不去劳动,谁会把钱送上门来?""如果人勤车勤,服务态度又好,不怕'银不来'。"

《温州晚报》记者的无心插柳改变了购买者的购车心态,为富康带来了源源不断的利润。

字里行间,从来就不乏利润的游走。

就长远意义上看,任何有利于企业家或企业的社会舆论,都有可能为企业带来利润。有关企业家或企业的正面宣传,能够提升企业的品牌价值,而品牌价值最终会体现到产品或服务的销售数量和价格上,从而使企业获得利润。

向舆论要利润,往往有两种方式:

一类是赤裸裸的宣传招牌。直接通过媒体宣传企业所提供的产品或服务的优势,鼓励消费者购买。巨人集团史玉柱在宣传脑白金时,将这种手法用到了极致。

2001年西安财经杂志《智囊》就披露了一份据称在圈内广为流传的脑白金原始策划方案——

诉求概念:年轻态。

诉求原理:脑白金使人体进入年轻态,年轻态可以解决衰老导致的皮肤老化、老人斑、心脏病、高血压、免疫力下降、性能力下降等问题。

脑白金简述:脑白是大脑的司令,它分泌的物质为脑白金,其分泌量直接决定人体各器官的衰老程度……

准备阶段(20天):签订报社合同。

导入阶段(15天)：在当地主要报纸上炒新闻，在店面张贴宣传画。

作用：炒新闻是市场导入的重要手段，在企业尚未登场时，消费者尚未产生戒心时，将脑白金这一概念和作用植入消费者脑海，为日后企业登场打下良好基础。

写作：文章撰写要无商业气息。尽量回避易让消费者认为文章是广告的一切名词、图片和形式。

为了炒得热闹可信，一定要有反面文章，通过正面文章宣传功效，再通过反面文章在肯定功效的前提下攻击"人类已攻克长生不老"这一不重要的结论。

1999年1月，脑白金开始在全国各地销售，到了2000年，脑白金的销售额就达到8亿元，这其中强大的舆论宣传攻势功不可没。

史玉柱至今还在使用"今年过节不收礼，收礼还收脑白金"这样直白的宣传方式，游说消费者购买他的产品。

除了毫不掩饰的游说，借势、打感情牌等不动声色的舆论表达方式，也能吸引消费者的注意力，获得消费者的认同。

联想确定"贸工技模式"战略后，柳传志就把关注点放在了打造自主品牌上。

有记者向柳传志提问："如果中国完全没有自己的民族工业，又会怎么样呢？"柳传志的回答很干脆："没有什么怎么样，任人宰割罢了。"

柳传志打着塑造民族品牌的旗号四处游说，尤其是谋求政府对联想的支持。柳传志对原电子工业部提出两点要求：一是关注联想，当联想做得好时为其叫好；二是"希望制定有利于民族工业发展的行业采购政策，在性能价格比相同的前提下，优先购买国产商品"。

1995年4月1日，第10万台联想电脑"走"下生产线。为纪念这个特殊的时刻,柳传志策划了"把第 10 万台电脑献给谁"的公益活动,称这是民族电脑业的里程碑,最后,联想把这台电脑送给了著名数学家陈景润。

在外资品牌大规模进入中国,而民族情绪还在持续高涨的特殊时期,在公共舆论中打一张民族牌,往往会激发公众的购买热情。此时,消费者已经被柳传志的"爱国论"忽悠着赶往销售联想电脑的柜台,而这就是借势和打感情牌的舆论效益。

危机切割中的"四两拨千斤"

当企业面临危机时,并不是所有的媒体都"见风就是雨",一窝蜂地落井下石。不少媒体会秉承尊重真相的原则,力求实事求是。对于那些被冤枉的企业,媒体或许能帮助他们逢凶化吉。

2009年11月,海南省海口市工商局在对该市部分批发市场、商场、农贸市场、超市等销售的各类食品进行抽样检验后,发现农夫山泉广东万绿湖有限公司生产的30%混合果蔬和水溶C100西柚汁饮料、统一企业(中国)投资有限公司生产的蜜桃多汁中总砷含量超标。随即,海口市工商局向消费者发出消费警示,并通知经销商对涉嫌超标产品做出下架、召回并退货的处理。

总砷,俗称砒霜,被视为有剧毒的物质,流行病学研究表明,长期接触砷可能引起多种癌症。自此,农夫山泉和相关厂家陷入"砒霜门"事件,收到消费者投来的怀疑的目光，经销商便纷纷提出退货，对于完全市场化的商品而言，这种打击是毁灭性的。

海南省海口市工商局发出警告后，的确有不少媒体跟风报道，并指责农夫山泉。不过，也有一些媒体并没有人云亦云，如《每日经济新闻》。事发后，《每日经济新闻》一直跟踪"砒霜门"的进展，及时向公众传达农夫山泉的观点与态度。"砒霜门"事件的几个关键转折点，几乎都是《每日经济新闻》在第一时间披露的。

而且，《每日经济新闻》还揭了海口市工商局不少的短。该媒体发文表示，记者调查发现，海口市工商局从 2007 年开始就"越权"发布消费警示。报道中记者咨询的法律专家称："工商局是行政部门，其对口的应该是企业，在检测出不合格产品之后，应直接与企业联系，按照相关程序或通过法律解决问题；而发布食品安全信息则应该由卫生部门来进行。"

细心的记者也发现，"海南省人民政府网站上公布的消费警示中，80%以上的涉嫌超标产品都与本次农夫山泉、统一涉嫌超标的产品一样产自广东省，而海南省自己生产的产品却只占消费警示里涉嫌超标产品的不到10%。对此，一名工商局的内部人士告诉记者，一般工商局即使发布警示，也大都针对省内的企业，外省企业占如此高的比例，且都集中在广东一省，很不寻常"。

第一时间公布"砒霜门"的进展，有利于公众尽快获知真相，有效遏制谣言蔓延，避免农夫山泉的声誉遭到更大的破坏。而《每日经济新闻》有关海口市工商局"越权"和消费警示"都集中在广东一省"的发现，都是有利于农夫山泉的证据，有益于其尽快走出危机阴霾。

同样，一篇博文，也能扭转乾坤。

2007 年 7 月 6 日，万科舵手王石之妻斥资 90 万元购买万科 A 469000 股，并在短短 7 个交易日内获利高达 30%。王石之妻此举引起轩然大波，王石及万科一并受到媒体大炮的轰击，"黑幕"、"地霸"、"土地寡头"、"社会责任心丧失"等冷雨大棒铺天盖地打了过来。

7月20日，王石一篇《作为万科董事长，深表歉意》的博文，以诚恳的态度说明个中"情由"，成为力挽狂澜的利器。直至现在，王石的这篇博客，无论是其点击率还是评论量都还保持着房产单篇博客的最高纪录。

细析王石博客，网民评论中的溢美之词、声援之声比比皆是，这成为王石化解危机的又一助推器：

成大事者都有海一般的胸怀，以前对万科了解不多，经过这件事，觉得万科和王石一样，希望中国能出多一点类似的企业家。

人如其名，石头一样坚硬的性格！

王石的态度很诚恳，赞你的坦白，继续受到尊敬！

王石成功运用网络媒体——博客为自己正名，不仅扭转了舆论风向，更使其"清者更清"的形象更加高大，王石及万科的知名度与信誉度更上一层阶梯。

细究之下，原因如下：

首先，以其人之道还治其人之身。在网络社会的地球村中，公众不满的声音可以轻而易举地传遍全球，信息传播呈现核裂变效应，尤其是网络的普及化，使得信息尤其是负面信息的扩散越来越快。股票事件闹得满城风雨在很大程度上得归"功"于传播率、转载率极高的网络，而王石拿起网络这把双刃剑，用博客这颗关键棋子将负面消息一军。

其次，抢占先机，夺得话语权。兵贵神速，当危机来临时，抢时就是救命，时间越滞后，舆论沟通难度越大，人们越倾向于用怀疑的眼光看待其发布的信息。股票危机事件一发，王石就站了出来，诚挚道歉。"第一条，顾客永远是对的；第二条，如果顾客错了，请参考第一条。"如果沉默不语或矢口否认,王石博客后面的评价很有可能就是枪声一片了。

最后,动之以情,晓之以理。在危机处理时,王石在博客中与媒体、公众进行了真诚沟通,如"事件过程引发了投资者的困惑,作为万科董事长对此深表歉意",可见沟通的诚意;同时王石澄清了事实真相,用"经与国内相关部门和人员联系,方知本次事件系操作失误所致,家人并不知晓"解开了公众心中的谜团,"她也不会愚鲁到为了区区几万股万科股票的收益拿我们一生的清誉去冒险"更是让公众恍然大悟;而"同家人商量,决定卖掉股票,按监管规定,收益上交公司"的行动胜于雄辩,有不少人为之喝彩叫好。

从王石的股票危机事件中,我们可以看出,处于危机中的企业家或企业要能够通过社会媒体,说出危机真相,表达自己的态度,并进行必要的致歉,与公众形成正面沟通,才能有效化解不利于企业的危机局面。

除了化解危机,企业还可以利用舆论化危为机。

《兵经一百》有云:"目前为机,转瞬为机;乘之为机,失之无机。"危机公关,贵在转危为机,要做到不但峰回路转,而且柳暗花明。

危机也可能成为契机,化危为机是危机处理的最高境界,也是真正的高手之道。有人把危机公关比作刀尖上的舞蹈、钢丝上的游走,因此,能在刀尖、钢丝上诠释自己的精彩,赢得掌声和喝彩,那才是真正的危机公关的王者。

危机是脖子上的一条围巾,企业则是一个人,有的企业被这个危机勒伤、勒死,而有的企业则将其作为服饰的点缀或者用来取暖,锦上添花。"众里寻他千百度,蓦然回首,那人却在灯火阑珊处。"当很多企业在迷雾中彷徨徘徊,苦苦寻找打破发展瓶颈的铁锤时,危机可能就是那把扭转乾坤的杠杆,而舆论则是支点。

百度就利用合作方欠费事件,好好地炒作了一把。

2002年春节,新浪欠百度一个季度的技术服务费,当百度电话催款时,新浪的答复是财务人员休婚假了，无法办理付款业务。春节过后，百度再次催款，新浪的答复变成了财务人员休产假了。

对于新浪为什么拖延百度的技术服务费，新浪与百度各执一词。

李彦宏的解释是："百度曾多次提醒新浪按照合同付款，但是直到停止服务的那天下午，百度不仅没收到钱，还收到新浪不准备付款的回复。百度只能做出暂停服务的决定。"

时任新浪执行副总裁的陈彤则这样辩解："新浪与百度之间的事不会是因为财务人员的拖延而造成的，新浪手头有大量资金，不会为这么点钱而损害自己的名誉。"

矛盾的症结始终未清晰浮出水面，但新浪欠费百度的事实证据确凿。

刚刚在 2001 年 9 月推出网站的百度，一年之后在互联网丛林中还不成气候，而此时新浪已经名声大噪。于是，百度来了个将计就计。新浪的搜索后台服务是百度控制的，于是百度强行在新浪的搜索中加入"因新浪欠费，百度暂停对新浪的搜索服务，如需更好的搜索结果，请登录 www. baidu. com"。百度市场总监还致电媒体，请他们去新浪的搜索引擎看看，或许会有新的新闻可做。随后，"新浪欠费，百度暂停对新浪的搜索服务"的标题在各大媒体出现，原本每天流量只有三五万的百度，借着"新浪停机门"的东风，其访问量一夜暴涨，百度品牌名声大噪。

第五章

舆论场的刺猬：锋芒藏与露的时机

◆ 顺"势"而行：美国总统奥巴马的经验

◆ 低调有时，高调有时

◆ 沉默，是谁的金子

◆ 自己的面子，公众的面子

顺"势"而行：美国总统奥巴马的经验

2008 年 11 月 4 日,奥巴马当选为美国总统,虽然这与中国并没有直接关系,但仍在中国引起了热议,有意思的是还有人发表文章称奥巴马是最好的广告商。

小布什卸任时,恰逢美国次贷危机的严重期。受次贷危机的影响,楼市崩盘、股价暴跌、大批企业倒闭、员工失业,人们的钱袋也瘪了下去,恐怕美国人比任何时候都希望经济局势稳定,希望政府凭借其强势的执行力扭转经济的颓势。

选民评价美国总统的标准有很多,如承诺的改革、个人魅力、以往政绩甚至家族背景等,但在次贷危机肆虐的时刻,奥巴马向左走的经济主张更能博得选民的赞许。

而且,近几年来,美国的经济一再下行,特别是 2008 年 9 月以来,华尔街金融危机愈演愈烈，美国选民把原因归咎于布什政府，他们当然不希望再给共和党机会了。相反，他们对于主张改革求变的民主党寄予厚望。正如斯蒂格利茨所言：“我认为11月大选的结果毫无悬念，奥巴马将是美国下届总统。在目前这种情况下（经济危机全面爆发），选民决不会将现任总统所在政党再次送入白宫。”

对于奥巴马的胜利，次贷危机功不可没，它在最关键的时刻成为奥巴马当选总统最有力的推手。如果没有这次美国次贷危机，奥巴马能否成就自己的总统梦还是个问号。

在奥巴马当选总统之前，决定人们是否投票给他的只有奥巴马的那张嘴，那张嘴是否伶牙俐齿，是否能够通过各种媒体尤其是社会化媒体打动选民，是奥巴马能否获胜的关键。奥巴马的成功在于，他在一个幸运的竞选时节借助金融危机的大势打倒了对手。

宏观环境无关个人喜好，个人或组织更难以凭借一己之力更改宏观走向。快速、简洁与持续的交流，将企业置于“玻璃屋”式的舆论场。而企业可以通过巧妙地借势，径直走进公共视野，挖掘公众的“注意力经济”，这样既可以博功，又可以得利。

奥巴马顺应金融危机的大势，获得了与公众的良性互动。如果逆宏观大势而行，那么，结果就不会那么乐观了。

中国平安保险公司的CEO马明哲在三年时间里，因同一件事两次陷入舆论的“漩涡”。第一次，是他年薪拿得太多；第二次，却是由于他年薪拿得太少。

“平安保险公司的CEO马明哲2007年年薪高达6616.1万元”，此消息曝光后，马明哲立刻被推上风口浪尖，足足挨了一年的骂。马明哲形象受损，名誉扫地，使得平安都不“平安”了。马明哲的高薪，无疑成了他的危机。

到了2009年，马明哲做出了一个惊人的决定——2008年的薪酬将分文不取，"期望以高姿态显示自己与全体员工共度时艰，谋求业绩增长的决心"。

我们都知道，马明哲名义上是"职业经理人"，实际上则是平安的"老板"，在决策层面拥有的强大话语权和控制权，决定了其自定薪酬根本无所谓对不对。

2008年整个世界经济惨不忍睹。大环境流年不利，小环境下的平安岂能独善其身？年初的再融资风波给了马明哲一个"下马威"。在该风波的影响下，网友似乎更愿意将平安公司股票的走熊与平安公司的再融资和马明哲本人的天价年薪联系起来，对马明哲加以批判。而金融海啸中富通集团有限公司的投资巨亏，更是现实给马明哲的当头一棒。于是，又有很多好事者再次翻出旧账，指责马明哲天价年薪拿得丢人。

业内人士预测，在种种因素下，按照中国平安的薪酬制度，马明哲2008年的薪酬应该缩水50%。但是，聪明的马明哲这一次并没有按常理出牌，而是干脆分文不取。马明哲的这一做法，的确暖了不少人的心。2009年，马明哲挨的骂要少了许多。

顺势并不是一劳永逸的舆论管理。走进舆论场中央，势必会引起大批人的围观，人们会用挑剔的心态和眼光审视表演者的意图。而"众口难调"的天然困难性，很容易把企业推入"怎么做都得罪人"的尴尬境地。围观者具有表演者无可比拟的数量优势，而且，围观者评价表演者的角度是多维的，如心态、道德、理性、法律以及围观者的个人利益等。热情过了头，被称为作秀；不温不火，被称为冷漠……总之，不管转向哪个方向，总会遭遇一些冷言冷语。

而且，顺什么样的势也是有讲究的。如果"势"本身不靠谱，试图顺势而下的企业，恐怕也要遭殃。

2003年，在无数媒体的聚光灯下，一支原本默默无闻的球队突然改头换面，变得炙手可热。"一支充满神奇色彩的球队"，意大利媒体这样描述名为帕尔梅塞的足球俱乐部，"他们将在5年内创造奇迹，成为意甲冠军"。实际上，被"捧上天"的这支球队背后，有位最神秘的主席——温州商人陈宏雷以及一位最有影响力的名誉顾问——球王马拉多纳。

人们都知道这个相貌平平的中国人肯定有来头，虽然媒体津津乐道地报道他的生意，但始终没有弄清楚他的来路。

夏天，帕尔梅塞市政府找到陈宏雷，希望他收购不景气的城市球队。他没有思考太久便买下了球队70%的股份，帮助球队走出困境。当他得知阿根廷球星马拉多纳来意大利参加高尔夫球作秀节目时，他本能地意识到，机遇来了。

一个阳光明媚的下午，陈宏雷敲开了马拉多纳好友家的门。此时，马拉多纳正在网球场练球，于是让他的助手接待了陈宏雷。几分钟后，助手匆匆跑到球场边，对马拉多纳低语了一番，马拉多纳便满脸堆笑地朝陈宏雷走了过去。然后，两人在茶几前坐下，一边喝着地道的意大利咖啡，一边洽谈合作事务。

陈宏雷设身处地为这个"世界球王"规划着未来，最后提醒他说："作为球星，几年或几十年后你会渐渐褪色。如果代言品牌，你的名字会存活更长的时间，会有更多的人记住你。"正是这句话最终打动了球王。面对陌生的东方面孔，马拉多纳感激地说："你们帮我设计了伟大而美妙的蓝图，让我明白了之后50年甚至100年内要做的事，你们是伟大的中国人。"

双方一拍即合。

一周后的9月5日，在意大利罗马的一家酒店，马拉多纳和陈宏雷的手握到了一起。关于该次合作有一个细节流传甚广：当时，陈宏雷担心马拉多纳会嫌30年的合同期太长，于是委婉地表示了忧虑，但出乎他意料的是，马拉多纳竟然微笑着说："为什么我们不签一个50年或更长时间的合约呢?"

阿根廷人的不拘小节和特立独行令陈宏雷感到既吃惊又兴奋。然而,他没有意识到,这种散漫的性格将是商业合作的一大隐患。

按照马拉多纳的要求,双方重新签订了一份长达50年的合约。

消息传到国内,媒体习惯性地叫好与炒作。"温州人买下球王50年"的标题在媒体上广为流传,陈宏雷一炮而红,并趁势在意大利成立了"马拉多纳股份公司",经营印有马拉多纳肖像和姓名的运动商品,策划马拉多纳的中国行,准备借球王的名义大赚一笔。这时候,一些媒体发出截然相反的声音:"和毒品、气枪、绯闻联系在一起的人物,能让他的品牌光大吗?"面对这样的质疑,陈宏雷信心十足:"球王马拉多纳,只有一个!"

不过,事情没有像他设想得那样美好。

"中国行"的活动从11月13日开始,但后因费用问题双方发生矛盾,马拉多纳因此单方面"罢工"。在为期20多天的活动时间里,阿根廷人多数时间都在高尔夫球场打球,根本没有按照陈宏雷的安排参观长城、到大学演讲,连事先约好的商业聚会也没有参加。陈宏雷因此被斥责为"破坏商界应遵守的诚信法则",所在公司的名誉受损。

12月7日,带着满满五箱礼物,马拉多纳结束了中国之行。媒体由衷感慨:一幕持续20多天的乱哄哄的"马拉多纳闹剧"终于收场了。而几乎所有人都把责任归咎于陈宏雷。陈宏雷因此给国人留下了难以修复的"违约"、"不诚信"等印象。

顺势是一门求存图变的哲学,即企业借助外部的有利条件,以具备特殊价值与丰富资源的平台为企业品牌镀金。当然,也不是什么"势"借来都能达到"借东风"的效果的。陈宏雷虽然是借了马拉多纳的名声名噪一时,但原本一场欢欢喜喜的喜剧终究变成了闹剧。归根到底,还是在于陈宏雷"识人不淑",没有全面认识到所借的"势"对企业的利弊。

首先，马拉多纳虽然很"拉风"，可是他毕竟有些过气了，而且也身负不少负面消息，如毒品、气枪等。与那些中规中矩的人物相比，马拉多纳的棱角太多，充满多变性，一不留神，负面的棱角便会露出来，与其形象捆绑在一起的企业很难及时抽身。所以，企业在选择"势"时要注意"势"的多面性，预见到"势"有可能给企业带来的风险。如果"势"变数太多，最好不要报以赌博的心态，一旦赌输了，吃亏的是企业。

其次，陈宏雷对马拉多纳缺乏约束力。马拉多纳接受阿根廷采访时，把陈宏雷说成一个彻头彻尾的骗子："我被他们骗了，他（陈宏雷）本来应该在古巴就付给我钱。虽然他们没付，我还是来到了这里，我做了一切。我对他们说，给我钱之前，我不再参加任何活动了。"陈宏雷则认为马拉多纳多次放他的鸽子，自己比窦娥还冤。为什么马拉多纳如此我行我素，可以用他自己的一句话来解释，"来中国之前我们之间根本不存在合同，没有任何东西可以约束我"。归根到底，在于陈宏雷对马拉多纳缺乏约束力。因此，即便是借势，企业也要尽量对"势"拥有一定的控制权，而非扮演完全被动的角色。

低调有时，高调有时

自 2009 年 6 月以来，"腾中重工收购通用悍马品牌"的消息几乎占据了各大媒体的头条。到底是炒作、走秀还是一场民族品牌的蜕变，争论此起彼伏。

出名要趁早。但太快出名了，又没有做好出名的准备，结果可能会适得其反。单从营销上看，神秘民营企业腾中重工气吞"悍马"，足以抢占媒体的头条，把全世界的目光都吸引到"隐藏"在四川的这家民营企业身上。名不见经传的腾中，一夜间就成为了企业明星，大小媒体都毫无怨言地为腾中打起了免费广告，这笔买卖的确很划算。

且不说腾中收购的悍马到底是野马还是病马，过于高调的腾中，以收购悍马为噱头在全球作秀，事实上是为自己埋下了危机的伏笔。名气忽然放大，肯定会有好事者、好奇者挖地三尺去寻根究底，企业的背景、创始人发家的经历等都会成为调查的对象，而无孔不入的"包打听"们会把隐藏很深的问题给揪出来。知名度迅速飙升的腾中，反成为媒体竞相挖掘新闻题材的对象。结果，一查还真查出不少问题：

2008年5月，腾中重工收购原中国路桥集团新津筑路机械厂。这家企业原为中央直属企业。在国资委批复的文件中，第二条写明"同意你公司将中国路桥(集团)新津筑路机械厂纳入本次辅业改制范围，改制为非国有控股企业"，但具体实施时，就不是改制而是卖厂了，这遭到新津筑路机械厂职工的质疑。腾中一直捂着的问题大白于天下。(《经济观察报》)

成都蚂蚁集团下属企业——四川蚂蚁雄兵机电公司又在媒体上爆料，称四川腾中重工机械有限公司拖欠他们工程款47万元。当蚂蚁雄兵上门催款时，就被腾中一句"账上没钱，要总部拨款"打发了。人们也不禁在心里打个问号——腾中真是财大气粗吗？(《每日经济新闻》)

腾中收购悍马需要商务部点头。而对于腾中的"蛇吞象"举动，商务部给出的意见是"提醒企业谨慎投资"。我们假设商务部没有批准收购案，腾中的老底又被揭开，对于腾中，是福是祸，还真是不好说。

不出所料，2010年2月25日，通用汽车公司在美国底特律总部宣布，由于四川腾中未能按期完成对悍马的收购，交易失败。

朱新礼卖汇源时，恐怕也吃了不少过于高调的亏。

可口可乐收购汇源果汁集团有限公司，本来朱新礼应该是最大的赢家。然而，对于卖汇源来自各方的争议很多，又容易与"民族主义"这一敏感字眼搭边。因此，在等待商务部反垄断法的审查和批准期间，无论是朱新礼还是汇源都应该低调一些。

面对众人的质疑，朱新礼在中央电视台辩解，称自己把企业当儿子养，养大了以后当猪卖。企业做大了怎么能是朱新礼一个人的？做到几千万可能是朱新礼的，做到一个亿可能是朱新礼的，但做到几十亿的时候，这个企业就不只是他个人的了。个人品牌做大了就成了民族品牌，不是想卖就能卖的。

2008年央视年度十大经济人物的颁奖现场，当主持人念出获奖人物朱新礼名字的时候，现场哗然。就在几个月前，这位要将自己一手创立的企业卖给可口可乐的山东男人还陷在被口诛笔伐和千夫所指的危机状态。然而数月后，他又因为同样的举动站在了象征中国经济界最高荣誉的颁奖台上。

拿定主意要把企业"当猪卖掉"而数钱走人的朱新礼意气风发地接过了央视2008年度经济人物奖杯。然而，踌躇满志的朱新礼，到头来还是如意算盘落了空，赢家变输家。

朱新礼高调拿了这个奖，但最后的批复还没有下来，他怎么就能笃定收购案一定会被批准？此时，朱新礼应该低调，低调再低调。若是朱新礼能等到可口可乐收购汇源被批准后再拿奖，那时哪怕拿奖拿到手发软也不为过了。

腾中重工的高调让一些好事者翻起了旧账，朱新礼的高调让他"卖自己养的猪"时不那么顺风顺水。而太平洋建设集团董事长严介和的高调，差点带来了灭顶之灾。他常对记者们讲的一句话是：我不做企业家，也肯定可以做一名记者。面对记者，他任何时候都显得坦然而自信。他说："欢迎大家提出任何问题，哪怕真的能够难倒我，也可以让我从中学到一次。"

成也胡润，败也胡润，从某种层面上讲，胡润是严介和的经纪人，是他将严介和推向幕前，不管是有意还是无意。

2005年7月17日，胡润在江苏红商务俱乐部和严介和共进午餐，这个过程实质上变成了采访。当天下午，胡润又全程参加了太平洋建设公司举行的景德镇情况信息通报会。经过几个小时的采访，胡润对严介和的风格大加赞赏，当他反复询问严介和已签下的未来5～10年订单总额是否真的"是2700亿，而不是15亿"的时候，一个新的财富榜榜首人物已经在他的心中诞生了。

同年 9 月 22 日，胡润再一次拨通了严介和的电话，向他说明他欲将严介和在榜单上的位置放得比较靠前的考虑。榜单最终出来了，严介和是第二名。

在胡润榜出现之前，严介和在世人眼里可能更像个包工头，而在其出现之后，关于严介和的种种称谓和阐释蜂拥而至，说他是企业界的一匹黑马，说他是天生的企业家、演讲家、智者，说他口出狂言，空手套白狼，说他是不像富豪的富豪，等等，一切都只因为胡润榜上的奇迹。

此后，由于严介和收购国有企业的大手笔受挫，又接连无缘 2005 年《福布斯》中国 400 富豪榜和 2005 年《南方周末》中国内地人物创富榜，再加上他不断接受媒体采访且每次都有惊人之语，关于这匹"黑马"的种种议论频繁现于报端。

"我就是中国管理水平最高的企业家"，"到现在为止，只有我想不到的，没有我做不到的事"，"中国 90％的管理学教授都不懂管理"……胡润百富榜的"榜眼"真的如表面看起来那么张狂？而作为中国最大的民营基础设施建设集团的领头人，在这个特别容易产生腐败的行业，严介和真的如他所说的"我和政府官员之间从来都是'阳光下的'交易"？盛名之下，正以惊人速度扩张其企业的严介和，会不会像前面的并购"狂人"顾雏军和唐氏兄弟那样倒下？对此人们疑问重重。

商海真的深如太平洋，潜伏着无数看不见的风云变幻。自从当上胡润百富榜的"榜眼"后，严介和的"麻烦"似乎也随之而来。短短一周之内，他的两个大项目被政府叫停：

2005 年 10 月 15 日，吉林省国资委公告，终止了与太平洋建设集团的合作意向。

2005 年 10 月 22 日，江西景德镇市华意压缩机股份有限公司披露了关于华意电器总公司改制的有关问题。称景德镇市政府国有资产管理机构和太平洋建设集团在两个月内一直未达成协议，双方经再次友好协商，决定终止托管协议。

更大的舆论炸弹还在后面。

"然而，《第一财经日报》的记者在南京调查发现，太平洋建设集团2004年的营业收入仅为19亿元，资产总额只有10亿元，净资产不到8亿元，税后利润则不到3亿元。用太平洋建设集团规模不大的资金链去承载2700亿元的订单，并不轻松。到2004年年底，太平洋建设集团只有6000多万元的流动资金。记者从一位5月份离开太平洋建设集团的中层人士处获悉，严介和收购的部分子公司曾经有半年时间甚至连工资都发不出。"

这则消息无疑是个重磅炸弹，让原本被严介和迷雾弄得晕头转向的企业和媒体一下子警醒起来。原来严介和只是个庞大的躯壳，内里早已被掏空，所谓天马行空般的传奇商道，也不过是"金玉其外，败絮其中"，不过是严介和太平洋建设集团的一个大玩笑。

最终，严介和离开了太平洋建设集团。严介和高调行事并不可怕，可怕的是在如此高调的同时他还被人握有把柄，他这样的高调势必禁不住媒体的穷追猛打。此时，严介和的高调成了祸水。

在中国，有很多事情，不一定都要大张旗鼓。做事要有策略，也要有技巧；要讲究炒作，也要在该低调时保持低调。

过犹不及。做过了头，难免吃苦头。要出名，要炒作，就一定先要确保自己站在阳光下，确保企业底子要干净，能经得住媒体与竞争对手的"千锤百炼"。对于很多民营企业，由于历史原因，或多或少会有些说不清、道不明的事情，也就是见不得阳光或拿不出手的"东西"——比如打了制度擦边球，做了几件不光彩的事。因此，企业在决定出名前，首先要考虑自己的历史是否已经被漂白。假如没有处理好"后顾之忧"，出名就会成为祸端。

在社会舆论中高调出现的企业主要有两类：一类是已经上市的企业；另一类是得到风险投资的高新技术企业，且准备上市。这些企业有相同的优势，那就是经营透明、财源清白、富得名正、豪得言顺。这种利润，完全可以拿到阳光下接受检验。纵使有再多的好事者质疑财富的合法性，甚至搞小动作，企业也可以保持"风吹雨打浑不怕"的风度。在没有把柄的前提下，企业美誉度再上台阶，企业家的个人知名度提升得就会更快，在消费者中就会赢得更好的口碑，那么，对企业家个人品牌来说就是锦上添花。

相反，有些企业家或企业则宜低调。由于曾经的制度缺陷、市场的残酷竞争以及某些企业家想走捷径等诸多因素的影响，很多企业家的第一桶金往往被戴上了原罪的帽子，如钻法律的空子、游走于制度边缘。原罪的痕迹一旦留下，财富就只可以抹去贫困，却擦不掉污点。这类企业家就不宜大张旗鼓地打造个人品牌，一旦有人站起来翻出陈年往事，企业家往往难以自圆其说，还会招架不住。因此，这类企业家应该保持低调，低调才是对这类企业家的保护。

沉默，是谁的金子

特殊语境下的沧海横流，会显出不同的本色。

2004 年，从海外归来的郎咸平大出风头，不止一人这样说："他反对国有企业资产流失的坚定态度为他赢得了英雄般的喝彩。"

2004 年春夏，郎咸平连续发表多篇文章，炮轰某些人在"国退民进"过程中中饱私囊，导致国家财富流失，并建议停止在 1998 年启动的国有企业产权改革。著名的"郎顾之争"由此拉开帷幕，对民营经济乃至市场经济的讨伐，也大张旗鼓地开始。

在针对"国退民进"的讨伐中，郎咸平主要揪住三个企业不放——TCL、海尔和格林柯尔。郎咸平认为 TCL 股权改革的实质是稀释国有股权，它的股权激励是幌子，证券市场是渠道，国有资产逐渐进入个人的腰包。

当 2004 年香港上市公司海尔中建(1169,HK)发布公告，称海尔中建将延期认购海尔集团所持有的飞马青岛公司 35.5% 的股权，并且其相关认股权行使日期将延长至 2005 年 12 月 31 日。郎咸平对此抛出四条问题："海尔中建主营业务为移动电话，而海尔集团对其注入的却是白电资产。海尔想做什么？国际化？不是。融资平台？不是。其实它是为了完成借壳和实现国有股权稀释。"如果这些质问还算彬彬有礼，接下来的攻击就更加尖锐了："如果不在 1985 年给你张瑞敏青岛海尔冰箱总厂，你将会干什么知道吗？你将会在贸易公司退休。现在国家给了你机会，你做不好反而自觉是应该的，做得好倒将企业变成自己的了，你们这些家伙有没有一点良心？跟韦尔奇相比，你们不感觉惭愧吗？仅做出这点小功劳，就觉得自己了不得了。我告诉你，民营企业如果都像海尔一样享有这些资源，就都能做得像海尔一样。家电嘛，有什么难做，又不是做集成电路、人造卫星，告诉你，我都会做。"

面对郎咸平毫不客气的棒槌，海尔 CEO 张瑞敏却表现得淡然而大度："教授有教授的观点，企业有企业各自的发展，他要质疑海尔的经营管理，那有什么关系呢？……不会影响海尔的发展，尤其是海尔扩展海外市场的道路，也不会影响海尔形象的树立。"在郎咸平的口诛笔伐面前，张瑞敏没有怒发冲冠，而是"你说你的，我做我的"。而正是张瑞敏的沉默处理，成为了避免为郎氏大棒所伤的安全阀，看似来势汹汹的大棒对海尔而言变得不痛不痒。

张瑞敏是个软柿子？是个脾气好得惊人的企业家？当然都不是。无论从早年的砸冰箱事件还是后来的激活休克鱼，以及海尔走出国门与国际家电巨头对抗，都足见张瑞敏是很有"脾气"的，更不是个甘愿受欺负的主。但他把"脾气"用到了刀刃上，为企业大局，他甘愿被人指责得一无是处，并最终以沉默化解了对方的突然发难。

郎咸平对格林柯尔的攻击更为尖锐。郎咸平以《格林柯尔：在"国退民进"的盛宴中狂欢》为题，撰文炮轰顾雏军的可怕之处——"民企参与国企重组"一时成为主流的话语，体制变动突然带来饕餮盛宴。顾雏军利用这些地方政府急于加快国有企业退出的思路，将收购与改制打包在一起，玩了一把双方互惠互利的双赢游戏。

针对郎咸平的炮轰，TCL 和海尔表现得心平气和，以"不予评价"轻轻带过，郎咸平来势汹汹的质疑倒讨了无趣。

但性情暴躁且自负的顾雏军却坐不住了，要单挑郎咸平。然而顾雏军的反击，恰恰把自己置身于放大镜下。第一桶金来得不明不白，发迹轨迹颇有可疑之处，在并购时也有不少在法律与道德边界徘徊的灰色行为，一旦对方较起真来，顾雏军最有可能成为炮灰。2005 年 8 月 1 日，科龙电器前董事长顾雏军，因涉嫌提供虚假财会报告罪、虚假出资罪、挪用资产罪，被刑事拘留，顾雏军的"资本神话"由此灰飞烟灭。

从某种程度上说，顾雏军是撞在枪口上了。2004 年，重工业领域出现投资过热的势头，中央政府担忧经济过热踩了急刹车，"国退民进"的政策开始推行。2004 年 8 月的《商务周刊》中刊登了这样一段充满矛盾的话：

这是一个难以判断的市场。一方面，国务院就投资体制改革发出号召，"加快建立和完善社会主义市场经济体制，充分发挥市场配置资源的基础性作用，实行政企分开，减少行政干预，合理界定政府职能"；另一方面，中央政府在此次暴风骤雨般的宏观调控中，却饱受市场各界和多位经济学家"行政干预"的指责。

宏观调控中，民营企业很容易成为被调控的目标，此时民营企业最明智的做法是明哲保身，出风头的事情能免则免。郎咸平耐不住寂寞向顾雏军发难，顾雏军此时应该保持克制与沉默，不予计较，以避过风头。然而顾雏军偏偏不识时务，非要与郎咸平争个子丑寅卯。风头出了，怨气也出了，自己却被卷入漩涡。

当国内经济形势比较紧张，且有可能出台政策的敏感时期，企业家应谨言慎行，最好不要做出头鸟。尤其是底子不干净的企业家，宜蛰伏一段时间，以免因高调引发"格外关注"。此时，如果还要拿出"18年后，还是好汉一条"的江湖义气行事，是很不明智的。中国宏观调控的线条较粗，实施者的决心也很大，一旦被"调控"，恐怕就很难再爬起来了。

还有一种情况，企业家也最好保持沉默。当企业或企业家的确犯了错，而且企业家也道了歉并作出解释，公众依然不依不饶时，如果企业家继续高调道歉或解释，便是徒劳，甚至会适得其反。那么，企业家索性就消停一阵，从公众的视野里消失。而且，任何企业家也不可能永远成为公众的焦点，因为公众的注意力很容易被另外一事件所吸引并发生转移。等到"蒸发"一段时间，风声一过，企业家便可再悄悄浮出水面，届时，公众与媒体也不会穷追猛打了。

而当企业真正出现危机或疑似危机时，企业就不能抱着"沉默牌"不放了。

面对突如其来的危机，公众的反应常常是不理性的，对于人们来说，危机的定义中包含着强烈的个人感情色彩，诸如愤怒、恐惧等本能的情绪是一并爆发的。所以身处危机漩涡之中的企业，实际上也身处非理性的漩涡之中，此时企业应该对公众做的是以情导之，以理服之。

2007年，《南方周末》中的一篇头版文章让碧桂园陷入"地价门"的是非之中。文章记者显然有备而来，其中提及的"张家界凤凰酒店项目土地储备出资协议"及"合作开发合同书"的复印件，似乎给了读者"事实胜于雄辩"的心理定位。

一篇报道，对于风头正劲的碧桂园，或许影响不大。不过，裂缝虽小，却未必是隔靴搔痒，一旦漠然视之或在处理中本末倒置，杯中的漩涡也有可能掀起惊涛骇浪。管理学中有一个破窗理论，指的是如果有一个人打碎了一座房子的窗户玻璃，而这扇窗户由于种种原因未能及时修补，其他人就会受到暗示性地纵容，打碎第二块、第三块，甚至更多的窗户玻璃。因此，一些不为人所关注的小危机，如果不及早加以控制，就有可能成为撼动大象的蚂蚁。

《南方周末》的报道充当了打破碧桂园第一块窗户玻璃的人，跟风者、猎奇者、窥探者、炒作者怕不在少数，第二块、第三块玻璃接连被打碎的噩运很可能会接踵而至。可以说，碧桂园的危机公关之路不会平坦。危急关头，只有临危不惧，将任何对企业生存或者发展不利的危机尽快解决在襁褓之中，化险为夷，转危为机，才是现代企业家真正应该做的。然而，碧桂园还是在埋头赚钱，既无大论，也无只言片语，只留一个背影，这给了媒体、公众无限遐想的空间。信息空白是种种猜测、谣言滋生的温床，记者的猎奇心被激发，于是带来无孔不入的、甚至与事实真相相去甚远的报道。

企业一旦跨入危机门，无论是政府还是公众，都希望能尽快了解到事实的真相。如果还在为媒体捅了马蜂窝、击中了软肋或者造谣生事而耿耿于怀，并试图以暴制媒，或以沉默作无言对抗，都是无济于事的。枪杆子打不过笔杆子，财大气粗的企业也扭转不了媒体为王的现实，如果一意孤行，企图简单以打压方式包住纸里的火，可能偷鸡不成反蚀把米。

自己的面子,公众的面子

自己的面子很重要,公众的面子也很重要。企业或企业家,应该如何保全两者的面子? 又应该在什么时候承认自己面临的危机,什么时候不宜大张旗鼓地"揭露"?

面对危机,企业家要临危不惧,积极进行危机管理。采取危机管理措施,首先要对危机进行定位。不少企业直到现在,还走不出两难的思想魔咒——企业危机到底是该掩盖还是公布于众。到底是掩还是揭,因企业危机而异,不同的危机应采取不同的处理方法。

企业危机分为企业外部危机和企业内部危机。企业外部危机主要指的是由企业所处的外部环境的变化所引起的危机,主要包括突发事件的危机、竞争对手恶意发难的危机、消费者消费观念发生变化引起的危机、媒介危机等。企业内部危机主要指的是企业内部出现病变所引起的危机,主要包括产品质量危机、人力资源危机、资金链危机、法制危机等。危机的性质不同，企业的应对措施也有所不同。

有些企业外部危机是可以公开的，如突发事件的危机、竞争对手恶意发难的危机、消费者消费观念的变化等，这本身就是由于外部环境变化所引起的，即危机根源在环境，不在企业。企业可以在企业内部公开危机、通过媒体将危机公布于众，有可能博得外界同情，整合政府、媒介等各方面的有利资源，从而帮助企业安全渡过危机；而媒介危机本来就是由媒体引起的，由于种种原因，企业陷入媒介的口诛笔伐中，解铃还须系铃人，化解危机仍需以媒介作为突破口。

判断企业内部危机是否要公开时则要慎重。

克林顿的性丑闻，能给企业家带来不少经验和教训。

克林顿任美国总统时发生了与莱温斯基之间的性丑闻，他越要脸面不承认就越没脸面——电视天天播，报纸天天登，大家天天看笑话，他颜面尽失。后来在莱温斯基拿出她的蓝色裙子公之于众后，克林顿放下脸面，全承认了，结果却保住了自己的颜面。美国人民还是照样让他做完了 8 年总统，并评价他是美国历史上最优秀的总统之一。

如果企业内部危机已经被媒体嗅到了危机的苗头，有关企业出现危机的报道也已经铺天盖地，此时纸里已经包不住火。此时企业决不能像埋在沙子里的鸵鸟一样一味逃避，因为逃避只能让危机来得更加猛烈。

光明乳业公司在处理 2005 年的"回收奶"事件中就犯了逃避主义的错误。当有媒体称光明乳业存在回收奶现象时，光明就在狡辩上栽了跟头。"回收奶"事件一出，光明按捺不住了，未经调查就莽撞地加以否认且态度强硬，让消费者觉得是在欲盖弥彰或者推卸责任。而且，光明越讳莫如深，就越引起消费者和媒体的好奇与质疑。光明丧失了话语权，被媒体趁势，一传十，十传百，事件越传越玄，导致危机进一步蔓延。

因此，企业对已被媒体掀起半个盖头来的企业内部危机，就不必遮遮掩掩，应该索性把企业危机真相告诉企业员工与公众。只有敞开公司的大门，才能让内部惊惶不安的职工、外部疑虑重重的公众及提高警觉的政府看到危机背后的真相，才能告诉他们事实并不像他们所想象的那样，从而实现更好的危机管理资源整合。

当危机爆发时，员工应是第一知情者，因此把真相告诉他们显得至关重要。有效的内部沟通不仅可以激发内部员工的责任感，避免内部军心不稳，也可以有利于危机公关团队的建立。

一旦企业发生危机，媒体也会闻风而动，应当通过媒体把真相告诉公众。

政府具有很强的权威性和号召力，因此，在危机处理中，企业家还要学会借政府之力化解危机。欲借力政府，首先得让政府知道事实真相。企业危机发生之后，尤其是在发生重大危机的时刻，如质量危机、人员事故时，政府会马上进行调查，此时与政府抗衡显然是不理智的。

如果企业内部出现危机，但并不被公众、企业内部员工所察觉。企业领导者就不必着急对外公布企业的危机了。毕竟企业出现危机，往往是"墙倒众人推"、"树倒猢狲散"，媒体赶来口诛笔伐、银行逼债、企业内部人心惶惶，企业原有的光环尽失，这些对企业来讲，是真正的危机开始。

20世纪90年代，中国保健品市场方兴未艾，太阳神、娃哈哈等产品依靠强大的广告攻势，迅速做到了妇孺皆知，销量引得其他行业羡慕，利润空间更是巨大。有了这些成功的先例，沈阳飞龙保健品有限公司创办人姜伟如法炮制，使得他的飞龙集团得到快速发展。意气风发的姜伟，打算趁势上市。

为了上市，姜伟几乎停下了手边的一切日常性事务，全力投入。然而飞龙集团的财务水准与国际通行的会计制度存在着巨大差距，负责相关工作的香港律师行，在半年时间里，向姜伟提出了 2870 个问题。几经波折之后，飞龙集团拿到了在香港联交所上市的获准文书，然而又恰逢香港股市大跌，飞龙集团上市之中再次受挫。

从香港回到沈阳，姜伟开始审视自己的公司，发现诟病丛丛。姜伟嗅出了这个只有 4 岁的企业的腐朽气息。痛心之余姜伟决定下狠心整治。1995 年 6 月 17 日，姜伟在报纸上登出一则短短的公告：飞龙集团从总部到各分支机构，进入脱产整顿期。

战线收缩没能改善飞龙集团的局面，姜伟又开始闭门反思。他总结了飞龙集团以往的经验和教训，并于 6 月抛出了题为《我的错误》的万言检讨，历陈"总裁的 20 个失误"。

1997 年，飞龙集团获批两个新药，姜伟认为休整可以结束了，便在沈阳召开了新闻发布会，宣布"飞龙要开始起飞"。会后《经济日报》的记者方向明跟踪采访了姜伟和飞龙集团，并根据姜伟提供的材料，写出了一篇长稿，将姜伟的"20 个失误"公之于众。文章一经刊出，立即引起了各界的强烈反应，掀起了一股研究失败的热潮。很多专家、企业家跟风研究，甚至把"20 个失误"作为企业的座右铭。姜伟也因此成为中国企业管理发展上的一座里程碑。

但同时，这篇文章也给姜伟带来了很大的困扰。家人对姜伟提出了质疑，认为姜伟将企业的"家丑"外扬，是"有病"；企业内的干部、员工不再把姜伟看做高高在上的领导，开始和他顶嘴、争论；政府、社会组织也明显减少了支持，原因是一个有那么多失误的企业就不再是一个优秀的企业，一个不优秀的企业就不再值得支持。

飞龙集团就这样翻来覆去地被姜伟剖析，公众、员工、银行对飞龙丧失了信心。于是，对手落井下石，抓住飞龙的软肋不放。姜伟的苦果最终还是自己种下的。

作为企业的领导人，对外界坦诚布公固然可以显示其坦荡胸怀，但适当保持神秘性、权威性，才有助于企业和企业家形象的树立。露出伤疤给人看，不会让人联想到新皮肤即将重生，反而可能会引发其病情加重的讨论，从而把自己置于不利的境地。

姜伟认错的勇气，固然值得我们佩服，可是，认错不一定要大张旗鼓，改错也未必就要天下皆知。他太高调了，把自己的致命伤暴露给社会，而社会并没有宽容他，他被淹死在了自己的反省中。对此，姜伟自己也后悔不已："做事情，要低调，我以前就是吃了太高调的亏，50 岁的人了，不能输了。"

对于公众、媒体并不察觉的企业危机，企业最好低调处理，不显山不露水地处理危机，从而实现危机损失的最小化。

第六章
合适的语境表达主体

◆ "第一把手"的以一敌百

◆ 坚持口径一致

◆ 大师已死,谁是意见领袖

◆ 借势政府

"第一把手"的以一敌百

作为企业的代言人，企业第一把手以什么样的形象出现，对于企业的舆论影响力，作用重大。

塌鼻细眼的吉利汽车控股有限公司的老总李书福，在企业做大之后仍然不改草根本色，反而获得了媒体与公众的好感。

在一个颁奖晚会上，获奖的李书福缓慢地走上领奖台。当被问及为什么会走路这么慢时，李书福憨厚地回答："是他们（导演）让我走得慢一点的。"李书福老老实实、毫不造作的回答，让媒体对这个长相不怎么讨喜的企业家顿生好感。

李书福以价格屠夫的形象杀入汽车市场，引起同行侧目。当他在公共场合为自己标价只有5.8万元的轿车卖力做广告时，遭到记者的围追堵截："消费者都在问，5.8万元的轿车能开吗？"李书福狡黠地反问："那就是说，如果能开,消费者就都肯买吗?"

今天的吉利汽车公司,因为并购沃尔沃而大出风头,更是引得社会舆论对这个赌性十足的企业与企业家刮目相看。

与李书福并肩作战的袁小林对李书福的评价是:"在我们讨论问题的时候,他所展现出的对整个事件把握的深度,如果不能说比我们这些在西方公司做过的自认为很专业的人士更有洞察力的话,应该说也完全达到了这一标准。这是从关于他的报道中完全感受不到的。他有对商业的非常本质的把握,像激光一样直接到达那个点上。他在与谈判对手博弈的过程中,非常受人尊重,对于福特公司,至少可以说是棋逢对手。"

李书福以中国庞大的消费市场为筹码说服沃尔沃:"并不是有钱就能买到全球三大名车之一的沃尔沃,反过来讲,也并不是说钱不多就买不到。"中国在消费与研发方面的独特优势,增加了沃尔沃对重振品牌的希望。

李书福在谈判中热情洋溢的表现,深得欧洲人喜欢。与福特工会谈判时,对方抛出一个难题:"你能不能用三个字形容你为什么比其他竞争者更好?李书福的回答是:"I love you(我爱你)。"不动声色的玩笑化解了工会的敌意,也让福特高层见识了李书福的机智与诚意。李书福的事迹从正面向我们展示了,作为企业第一把手的企业家可以为企业带来多么大的影响。

当企业发生危机时,若企业第一把手及时出现,表达企业的立场以及采取恰当的措施,就能在一定程度上稳定混乱的局面,顺利地对大局进行良性引导和控制。

出现危机的企业,往往会出现危险的暗示效应。

暗示效应指的是,使用含蓄、抽象诱导等间接方法,对人们的心理和行为进行暗示,诱导人们按照指定的方式去行动或接受一定的意见。暗示效应的力量不可限量,一旦被激发,将会产生巨大的舆论洪流,甚至导致暴力行为的发生。

有效制止暗示效应的途径之一是半途效应，即在暗示效应的激励过程还在进行中时，对被暗示的人施加心理因素和环境因素，促使被暗示者改变原来的目标行为或意见。事实上，被暗示者在抵达暗示者认定的目标时，会出现心猿意马的状态，有一段相对脆弱的区域，如果此时能够对被暗示者及时干涉，则有可能制止暗示效应。作为企业的第一把手，只要及时站在第一线，运筹帷幄，部署应急方案，与公众媒体积极沟通，就可以有效切割危机。

企业领导者悠闲地待在幕后遥控危机远远不如他身先士卒地站在现场控制危机来得有效。负责人有较强的权威性和说服力，如果负责人能站在现场，与公众沟通，消除他们的怨气，就有可能抑制危机事态的进一步扩大。

1993 年 6 月 10 日，噩梦开始笼罩百事可乐。华盛顿市的威廉斯太太从超市买来两罐百事可乐，回家喝完后，竟从罐中倒出一枚注射器针头。威廉斯太太大惊失色，于是把物证交给自己的律师，上报当地卫生部门，并向媒体捅出此事。第二天，邻近地区的一位妇女也报告说她在一听无糖百事可乐罐中发现了一枚皮下注射器的针头！是巧合还是必然？这引起了众多媒体和消费者的关注，百事可乐中装有注射器针头的话题传遍全美的街头巷尾。在 1993 年，注射器针头是一个很敏感的话题，人们往往会把它与疾病尤其是艾滋病联系起来。针头事件立刻对市场产生巨大冲击，百事可乐的销售量下降 3%。

百事可乐如临大敌，立即采取补救措施，一方面通过媒体向威廉斯太太表示道歉和感谢，感激她对百事可乐的信任，给予威廉斯太太一笔奖金以示安慰，并请她参观百事可乐生产线，使威廉斯太太相信百事可乐的质量是可靠的；另一方面，百事可乐还通过媒介向消费者宣布，倘若谁在百事可乐中发现类似问题，也会重金补偿。

这一切的背后，是百事可乐公司迅速成立的危机管理小组在行动，该小组由总裁兼 CEO 的克雷格·威勒鲁普直接领导。自始至终，百事可乐都坚称自己的产品没有问题，"我们有99％的把握，确信任何人都不可能打开饮料罐，然后再完好无损地重新封装好"。尽管批评家们不断催促百事可乐召回所有的产品，百事可乐却按兵不动。指责声接踵而至，百事可乐的危机风暴愈演愈烈。6月13日，美国食品药品管理局（FDA）局长大卫·A.凯斯勒警告华盛顿、俄勒冈、阿拉斯加、夏威夷以及关岛地区的消费者"仔细检查无糖百事可乐罐是否有破坏痕迹，并将饮料倒入杯子后再饮用"。

为了实现与公众全面有力的沟通，百事可乐不惜花血本买下美国所有电视、广播公司的广告黄金时间段和非黄金时间段，反复播放百事可乐的安全生产线。

除了平面广告，百事可乐还举办了一个大型的新闻发布会，以卫星画面的形式向全国电子媒体提供信息。此次新闻发布会先后公布了三段视频新闻。

其中一段视频包括了百事可乐总裁威勒鲁普的讲话以及另外一组生产镜头。总裁在视频中告诉公众：不同城市对无糖百事可乐罐中发现注射器的指控相互之间没有任何关联；污染行为有在饮料罐被打开后发生的可能；软饮罐是食品类产品中最安全的包装形式之一；没有召回产品的必要。后来威勒鲁普曾这样说过："最关键的是我们有绝对优势——我们知道这就是一个骗局。每一罐可乐底部都有个代码。当我们拿到第二罐出事的饮料后，我们发现这两罐出事的饮料的生产日期相隔几个月，而且出自不同的灌装厂，这时我们就意识到这是个骗局！于是我们就派了一队人马到费城拍摄了灌装生产线的现场，然后把片子搬上了新闻。"

6月17日，凯斯勒在华盛顿特区举行发布会，称百事可乐针头事件为骗局，其事实真相先是个人的误导作用，然后是媒体为吸引眼球夸大报道，最后导致大量恶意模仿行为的发生。

国画注重计白当黑，即画面上的空白处，如山水画的水和天，往往不着颜色,留白甚多。企业出现危机时,也需要讲究计白当黑——未雨绸缪,大肆泼墨的同时勿忘留下回旋的余地;见缝插针,危机压阵时,更不能放弃自己的回旋余地。并不是任何时候,第一把手都适合站到前台上来。

当事情的来龙去脉还未查清楚,就有企业内部人员跳出来说事实不存在,甚至跳出来的是第一把手本人,实非明智之举。要知道,反应过度会让公众认为企业在作秀,其效果只能适得其反。

2005 年,有媒体曝光光明乳业出现"回收奶"问题。"回收奶"事件一发,光明乳业反应迅速,启动了危机小组。6 月 7 日晚上,光明乳业董事长王佳芬接受《每日经济新闻》记者采访时,打出否定牌,认为光明蒙山乳业生产过期奶纯属子虚乌有。王佳芬与《每日经济新闻》记者的谈话摘录如下:

《每日经济新闻》记者:请问您有没有看过河南电视台关于光明乳业生产回收奶的报道?

王佳芬:昨天(6 月 6 日)就看到了。我们已从上海派人到郑州进行了调查,发现这个事情并不存在,光明乳业不可能做这个事情。

《每日经济新闻》记者:那条生产线是否还在生产?

王佳芬:还在生产。

《每日经济新闻》记者:为什么要将过期奶返厂加工呢?

王佳芬:不是过期奶,是没有出厂的奶。这些奶堆在外面场地上进行处理。这是在管理上有问题。

……

《每日经济新闻》记者:上海的消费者很关注这个事情。

王佳芬:是的,上海消费者很相信光明。光明奶的质量是有口皆碑的,我们为什么要生产回收奶呢?毫无意思。

面对媒体与消费者的质疑,光明乳业直接出"将",由董事长王佳芬跳出来奔到第一线，进行事实澄清。危机出现时，企业中确实需要冲锋陷阵者，但首先把公司最高层推出来并非明智之举，较合适的方法是找一个公司代言人，如副总裁或宣传方面的负责人。这样即使应急代言人发言欠佳，当危机发生变化时，公司最高领导也可以再出面打圆场，挽救危机。

在消费者眼中，王佳芬的回答就是整个光明的回答，也是最终的回答，不宜更改。而且，王佳芬的发言也并不尽如人意，使得消费者对光明乳业怨声载道。另外，负责人在发言方面避实就虚，也同样令消费者不满。对于记者追问为什么河南电视台报道中出现"带蛆的奶"，王佳芬只是单纯地加以否定，认为消息是河南电视台虚构的，根本不是光明的行为。危机中的事实，最需要强有力的证明，光明如此辩解，不仅于事无补，还会给消费者以恶人告状的强硬形象。

所以在光明的丑闻被频频曝光之后，有个讽刺笑话盛行一时，足见光明应对之不明智，消费者对光明之失望：

话说光明"问题奶"事件曝光后，记者到光明乳业采访。

一群奶牛冲出牛栏，惊慌而逃。记者问：你们为什么要跑？

奶牛气喘吁吁地答道：王大姐（光明乳业董事长王佳芬）来了，她吹牛啊，我们再不跑就被吹爆了。

正说着，一群公牛也冲出牛栏，疾奔而去。记者问：你们为什么要跑？

公牛慌慌张张地答道：王大姐来了。她不仅吹牛，还扯淡。

可见，有的时候，第一把手着急跑出来为企业切割危机，并不明智。当企业危机态势并不明朗，甚至连企业自己也不知道事情的真相是什么时，最好不要首先把第一把手推到前台来。人们会把第一把手的说法当成企业的最终解释，也是权威解释。如果第一把手准备不充分或出于自我保护的本能而推诿、辩解，一旦出现差错，事情就很难收场了。面对媒体的质疑，企业就很难再选出合适的新闻发言人来了。第一把手？不合适。第一把手出尔反尔，有损第一把手与企业的形象，再说，第一把手已经失信一次，人们很难再一次相信他（她）的话了；公司副总裁或宣传部门？也不合适。人们会"疑屋及乌"，第一把手说话都不算数，副总裁的话更不可信。

当然，如果第一把手已经详细了解了事件的真相，并预测到有可能发生的结果，就可以正面与利益相关者以及媒体接触。第一把手的出现，增加了沟通的权威性，因此更有说服力，也更能表达企业的诚意。

坚持口径一致

口径一致原则，往往是企业出现危机，媒体群起而攻之，公众急于知道真相，企业与公众沟通时需要坚持的原则。

企业在最短时间内指定一名统一的新闻发言人，并统一口径是非常必要的。出现危机的企业，其社会舆论已经乱成一锅粥了，如果这时企业内部对外互动时再七嘴八舌，董事长一个说法，总裁一个说法，副总裁又是另一个说法，普通员工也来插几杠子，就会给公众以企业内部方寸大乱的印象。

2008 年 5 月份，距离北京奥运会开幕还有 3 个月，有一条短信在人们之间疯传。短信让所有人都不要去家乐福购物，理由是家乐福的大股东捐巨资给达赖喇嘛，法国支持"藏独"者。

事实上，对家乐福的抵制，从 4 月份就开始了。但家乐福漏洞百出的舆论危机处理方式，使其成为媒体和民众发难的众矢之的。

从 4 月 10 日网络上首现"抵制家乐福"的帖子到 16 日家乐福正式发出声明,间隔时间竟长达近 1 周之久。沉默的时间越久,就越会给公众留下猜疑的空间,人们越觉得家乐福傲慢无礼,家乐福的负面形象更加"高大"了。小道消息也能打倒大象,更何况是与"藏独"这样的政治敏感字眼挂钩,家乐福的逃避政策只能把自己推向火山口。

家乐福迟钝地发现危机后,从他们的种种表现来看,也没有拿出得力的危机公关方案。4 月 15 日,家乐福中国区发言人戴维在接受《华尔街日报》采访时说,家乐福不想卷入政治或体育上的事情。而就在当天晚上,家乐福中国的网站公告上却称:"家乐福集团始终积极支持北京 2008 年奥运会。"家乐福此举违背了对外口径统一原则,他们漏洞百出的表现把他们敷衍的态度暴露无遗,反而使公众对其形成了不真诚的印象。

另外,明确表态支持北京奥运会的家乐福过于急功近利,弄巧成拙地为员工定做带有奥运标志的帽子。由于帽子上印奥运标志属于隐性商业行为,立刻被奥组委叫停。使用奥运标志必须授权是连中学生都明白的事情,而家乐福却犯了如此幼稚的错误。可见,在危机面前,家乐福不管是鸡毛还是令箭,都拿来一用,结果是赔了夫人又折兵。

危机爆发后,企业需迅速成立危机管理小组。危机管理小组的一个重要任务就是商量应该如何应付闻讯赶来的媒体。劳伦斯·巴顿对此提出以下几个沟通时需注意的事项:①

1. 沟通计划必须概述哪个阶层可以代表公司发言。文件内容必须包括危机管理团队成员、顾问、法律事务人员以及保险经纪人的手机、办公室与家用电话号码。

---

① 〔美〕劳伦斯·巴顿:《危机管理》,许灄予译,东方出版社 2009 年版。

2. 你应该指定在何处开会、谁将负责响应、谁将负责启动危机警示系统。

3. 危机信息的简单概述应该包含危机计划范例。你应该记住，不可能在每次危机发生时就知道所有信息。一开始你可能只知道中国工厂发生火灾，几小时过后，你才知道是整间工厂被烧毁。因此，你应该在声明中特别注意一些用语，如"就我们目前所知"或"我们会与现场员工保持联络"。

危机管理小组在制定应急方案时，需要对外统一口径。统一口径的内容未必就是篡改事实，而是如何更好地向公众解释危机的真相。同时，确定统一口径的内容时，还要预见到记者采访以及发布会时记者有可能提出的刁难问题。尽量找出记者提出几率较大并刁钻的问题，让发言人模拟练习和回答。设计难题的答案时，尽量不要遮遮掩掩，试图掩盖真相。用语也要尽量避免晦涩难懂，少用专业术语。受众接受信息的能力参差不齐，如果使用过于晦涩、专业的术语，就会影响信息的传达，导致信息沟通不畅。

口径内容确认完毕后，就要确定发言人，即通过谁的口将信息传达出去。当危机较小时，如公司打出的广告不合时宜，消费者称在公司生产的食品中找到了钉子、布头甚至苍蝇，此类危机的新闻发言人可以选择公司的宣传负责人；如果企业出现了较大的危机，如被爆料资金链断裂，或者权威媒体报道该企业生产的产品为假冒伪劣产品，或者企业高层领导被拘捕，那么最好由副总裁以上级别的人来担任发言人。新闻发言人需要全神贯注，应对来电和来访记者，以及他们无孔不入的盘问甚至指责。

除了新闻发言人，公司其他人最好不要对事情的来龙去脉发表意见。因为，稍一疏忽，公司就有可能掉进记者预先设计好的语言陷阱。尤其是此人与发言人的口径不一致时,将会影响整个企业的诚信。那么,发言人说得再口干舌燥和信誓旦旦,恐怕社会舆论也会将其看做儿戏。企业之前的努力,也会前功尽弃。

　　口径并不是一成不变的。随着危机的不断演变,真相越来越明朗,企业自身也作出了危机管理的努力,发言人就应该对发言内容适当修改。

大师已死，谁是意见领袖

当今，越来越多的话语权力，趋向分散。

社会学家尤尔根·哈贝马斯称："网络促进了平等主义的蔓延，但我们也为此付出了代价，分散的读者面对的是没有经过筛选的信息。曾经沟通了读者和信息的知识分子，在这样的社会中越来越失去了创造焦点的权力。"浩如烟海的资讯，杂乱无章的信息，受众分化日趋严重，一呼百应即将成为过去，决定公众意识流走向的则是趋向平民化的意见领袖。

20世纪40年代，美国哥伦比亚大学传播学者保罗·拉扎斯费尔德提出"意见领袖"的说法。意见领袖指的是，部分受众会积极接受媒介传播的信息和观点，并积极对外传播，而其他人则依靠自己的"意见领袖"来指导自己的行为。

意见领袖来自群体，往往在人际传播网络中非常活跃，经常为其他人提供信息、观点和建议,并施加影响。意见领袖与所在群体并不存在本质区别,往往与受众处于同一地位,与受众有着共同的利益和规范,因而更容易引起公众的共鸣。与普通公众不同,意见领袖往往会对某事件表现出更强烈的兴趣与敏感性,并具有更多的信息获得途径和具备相对专业的知识背景和生活经验。在社会网络关系中,意见领袖往往能够充当语境中的强关系,而普通公众由于信息沟通较为匮乏,成为弱关系。当公众做出某项决定,或面临风险、危机时,往往会倾向于依赖意见领袖的观点和判断,此时,意见领袖传递的不仅是信息量,还有情感和影响力。以意见领袖为节点,将引发信息传播的涟漪效应。

意见领袖因其掌控信息、透视信息的能力较强,并具有绝对鲜明的个人风格,而受到公众的认可和承认。

随着互联网的井喷式发展,民间的"意见领袖"更是异军突起,互联网自由、开放以及互动的传播特色,使得意见领袖轻易越过传播渠道低矮的栅栏,以最快的速度出现在公众面前。通过专栏、博客、微博以及论坛等渠道,意见领袖充分表达自己对某件事物或某个事件的质疑、批判或者欣赏、推崇。意见领袖以空前的力度与广度参与到中国社会舆论重构中,逐渐改变了中国的传播秩序,成为新的舆论力量。

意见领袖的多元化,是公众话语权增强的表现,也成为企业舆论管理中不可忽略的元素。企业可以借意见领袖之口,宣传企业产品与品牌,甚至在企业出现危机时,意见领袖能成为帮助企业化解危机的有生力量。同时,意见领袖也对企业家的舆商提出了更高的要求。一旦负面消息通过媒介传播出去,再加上意见领袖的强化,控制消息源头的难度就会增加,那么这则负面消息则有可能成为企业的致命伤。"通过买断权威搜索网站,彻底清除消息源就可以清除影响"的时代,已经渐行渐远。

2007年,因为央视主播芮成钢的呼吁"请星巴克把在中国故宫里的店撤掉"，使得 2000 年就低调藏身于故宫大殿一角的星巴克咖啡，不得不撤离故宫。

2007 年 1 月 12 日，芮成钢在博客中写道：

随便用谷歌搜索一下"紫禁城里的星巴克"或者"Starbucks in the Forbidden City"，竟然有 289000 多篇文章，照片也是一大堆。读读这些文章，发现这简直成了西方人对中国的又一次滑稽的猎奇。也有大量的西方人，尤其是知识界人士，觉得这种做法太恶心，是对中国的不尊重。当西方人都对故宫里开星巴克表示愤慨的时候，我们中国人自己也该发出声音了。

在前面的一篇博客里提过一件事。在耶鲁 CEO 峰会上邂逅星巴克的新任 CEO 兼总裁——吉姆当诺(Jim Donald)时，我半开玩笑地利用在会上发言的机会，劝他把星巴克在中国故宫里的店撤掉。当时原话大概是这么说的：

"鉴于中国人并没有喝咖啡的嗜好和传统，星巴克能让中国成为它的全球第二大市场，是可喜可贺的商业成功。但是有一件事做得严重欠妥，中国的紫禁城里竟然也有一家星巴克的店，我和我无数的中外朋友们都认为它和中国故宫的氛围极不协调，有碍观瞻。我不知道星巴克是否有在印度的泰姬陵、埃及的金字塔、英国的白金汉宫等世界文化瑰宝和奇迹里开分店的宏伟计划，但请先从中国的故宫里撤出来。"

芮成钢的呼吁，让这个"已经在西方上层社会传为笑柄"的故宫星巴克事件，得到了广泛关注。两天内，芮成钢的博客点击量达到 50 万。在随后召开的两会上，部分人大代表联名提议关闭这家咖啡店，理由是"玷污中国传统文化"。在意见领袖芮成钢的号召下，故宫的星巴克咖啡店最终撤离了故宫。

意见领袖对商业行为的干预，不仅能决定一间店面的命运，甚至还会影响跨国的并购行为。

2005 年,当徐工集团的管理层欢欢喜喜地宣布该公司被美国投资机构凯雷集团并购时,他们怎么也没想到,他们的这桩"好事"竟会被几十篇博文搅黄。

2004 年,中国工程机械行业规模最大的国有大型企业徐工集团因亏损公开向全球投资者招标。2004 年 10 月,美国投资机构凯雷集团中标。根据协议,凯雷将注资 3.75 亿美元持有徐工机械 85％的股份。2006 年 1 月,江苏省国有资产监督管理委员会通过了徐工集团的并购方案。然而,此时事情出现了转折。

三一重工执行总裁向文波在 3 个月时间内,先后写了 46 篇博客,质疑徐工收购案的合法性与合理性,称:"徐工被外资收购不是简单的产权交易问题,从大处讲是中国国有企业改革的风向标,徐工并购案如获通过则意味着中国的装备制造业将全面向外资开放,从小处看如果徐工并购案过关,则意味着工程机械行业的竞争格局将彻底改变! 这意味着我们主动放弃工程机械这一战略产业发展的主导权,意味着我们长期控制的汽车起重机和压路机市场易帜,中国的工程机械用户将为此付出惨重代价。"

向文波认为,三一重工才是徐工最合适的收购者,"徐工是中国工程机械行业规模最大的国有企业,是计划经济的最大成就,三一是工程机械行业规模最大的民营企业,是中国改革开放的最大成就,体制上具有极强的互补性"。但是,三一并没有成功收购徐工,原因竟是"徐工某些人拒绝三一的真正理由只有一个:就是不卖给三一"。

向文波数篇充满犀利的质疑和控诉的博文,在网络上得到了广泛的回应,社会各界开展了"徐工是否被贱卖"的大讨论。

迫于巨大压力,凯雷与徐工一再修订协议,凯雷对徐工机械股权的收购比例先从 85％降至 50％,再降到 45％。然而,即便是双方已做出妥协,并购计划仍陷入僵局中难以挣脱。2008年，徐工集团正式宣布其与凯雷签署的相关协议已过有效期，双方不再就此项投资进行合作。

单一的信息纵向式传播已成为历史，不但企业家不再能通过强化信息的粗暴左右受众的意识导向，连传统权威媒体也不再能简单地"操控"读者，其权威也一再被颠覆，人们不再对其顶礼膜拜。

台湾散文家张晓风从反面告诫人们"意见领袖"的可怕，"一个黑社会的头目，纵使每天杀一个人，终其一生也许最多只会杀一万人，但一个思想的误用却能流血漂杵，这件事想起来怎能不令人觳觫"。

所以，企业家不可忽视意见领袖这个至关重要的语境表达主体，要学会识别、培养和善待意见领袖。

意见领袖主要有以下几类：

一类为名人和明星。主要包括社会上知名度较高的商界、娱乐界以及体育界明星等，这类人往往具有较高的社会和经济地位，并有一定的号召力，对受众的影响较大。

一类为专家。指的是在各种领域和行业，具备专业知识，并具有一定知名度的专业人士和研究程度较深的业余爱好者。

一类为新闻界人士。包括记者、编辑以及评论员，他们频频在各类媒体和社会公共场合中出现，因此他们的言行也会影响人们的消费偏好以及对某一事件的价值判断。

还有一类为平民"意见领袖"。随着网络的普及，平民式"意见领袖"越来越多。他们吸引大众的魅力在于：热心、具有特殊的信息渠道、善于组织和呼吁等。

前三类意见领袖很容易识别，第四类意见领袖，由于他们的个人特色不够突出，需要企业花费一定的心思和精力寻找。

常见的意见领袖确定方法有关键人物访谈法、观察法等。关键人物访谈法,指的是设定一些固定的调查对象,对他们进行访谈,了解他们最有可能受哪些关键人物的影响;观察法则指,在现实环境中深入利益相关群体,或通过网络虚拟环境,观察哪些人最活跃,哪些人提出的号召更容易引起响应。

没有多少人心甘情愿做一个企业鞍前马后的意见领袖。有利于企业的意见领袖,尤其是网络意见领袖,不是唾手可得的,是需要培养的。

企业家应该仔细阅读每位意见领袖公开发表的文章,了解每位意见领袖的不同风格,找到他们的兴趣点,与他们进行真诚的沟通和互动。如果必要,企业家还可以约见意见领袖,见面时也要对他们保持足够的尊重和礼貌,即使他们抛出一些尖酸刻薄的问题,也要学会隐忍和耐心解释。要知道,一旦你拂袖而去,你失去的不止是这一个意见领袖,还有他身后的拥护者。如果意见领袖出现了工作、学习方面的困难,也要尽量在能力所及范围内为他们提供帮助。

除了培养,企业家还要学会引导意见领袖。在正常互动的基础上,企业家可以时不时地邀请他们参加企业的产品发布会,寄一些企业的礼品,为他们提供一些可供参考的素材。时间久了,他们的天平就会倾向你的企业。

借势政府

"没有人是孤岛，没有人能独善其身，每个人都是广袤大陆的一部分……"这是约翰·多恩在莎士比亚时代的感慨。政商关系今非昔比。企业面临危机时，政府不会袖手旁观。

一位挽救过企业的政府官员曾这样说，假设一个星球上有三个人，两个男的，一个女的，如果只能选其中两个活下来的话我们肯定会选一男一女，道理很简单——为了繁衍后代。如果一个国家有三家单位，一家企业、一个政府、一家事业单位，同样也只能选两家，那么我们只会选企业和政府，而不会去选那个事业单位。为什么？因为经济的发展离不开企业，企业是纳税人。

2008 年，众多国内奶粉品牌因三聚氰胺落马，消费者已是草木皆兵，而身处危机漩涡的乳业企业，恐怕即便浑身是嘴，也不能消除消费者对奶粉是否含有三聚氰胺的疑虑。此时，作为权威机构的政府适时地出面，会为乳业企业成功渡过危机助一臂之力。

　　对于问题企业，政府决不能姑息养奸，如果一味遮遮掩掩，反而会加重公众对问题企业的反感，很有可能适得其反，导致行业危机进一步蔓延。但是，政府也不要矫枉过正，把整个行业"一棍子打死"。政府应该做的是对症下药，对于问题企业严惩不贷，这既能解决问题，又可平民愤；而对于"清白"企业，则要注意保护，避免企业蒙受不白之冤。

　　在这一点，国家质检总局就做得比较漂亮。2008 年 9 月 16 日，质检总局通过中央电视台，曝光了所检测出来的 22 家"中毒"奶粉企业，同时也指出，还有 87 家乳业企业其产品质量并不存在问题，从而给消费者以信心，有效保护了这些企业品牌的美誉与信誉。

　　企业发生危机后，自己称赞自己往往是徒劳的。哪怕企业真的是被冤枉的，舆论也不会因为企业成天喊冤而只听企业的一面之词。此时，企业若能让权威站出来为自己说话，则往往会达到事半功倍的效果，重新获得消费者的信任。

　　2009 年身处"砒霜门"中的农夫山泉没有遮掩，在海口市工商局发布消息之后的第三天，11 月 27 日就召开电话新闻发布会，对旗下两款产品被海口市工商局通报不合格一事作出严正声明，表示还没有收到任何官方机构关于此次检测的报告，因此无法核实事情的真伪。同时还表示，农夫果园和水溶 C100 在最近国家和上海等地组织的产品监督抽查中均是合格的。

　　在"砒霜门"事件后，农夫山泉出具了一系列报告，以证明自己的"清白"。它出具了 11 月 26 日河源市质量计量检测所出具的检验报告，以及 11 月 28 日国家食品质量监督检验中心出具的检验报告，两份报告均显示：农夫山泉产品总砷含量合格。同时，农夫山泉还出示了 142 份近三年来具备资质的检测机构出具的有关农夫山泉和水溶 C100 总计检测报告，所有检测报告均显示产品中总砷含量合格。就在 12 月 1 日，召开新闻发布会的前半小时，农夫山泉又表示刚刚接到来自国家食品质量监督检验中心的检测报告,该报告也显示,农夫山泉这两款产品的总砷含量合格。

12月1日深夜,海口工商局连夜通报农夫山泉抽检产品全部合格,同时要求停止下架行为。

当公众质疑企业提供的产品与服务的质量时,与其坐等检查机构、消费者对企业产品的检验,还不如主动、公开地要求接受检查,倘若产品质量没问题,苛刻的产品检查对于企业品牌塑造而言反而是锦上添花。

当企业出现危机,尤其是外部危机时,最先瓦解的往往是公众对企业的信任。一旦企业出现有污点的传闻,不管企业有没有污点,公众与媒体已急不可耐地想知道真相,并且有相当一部分人坚定不移地认为污点的确存在。此时,企业需对外解释,澄清真相。然而,很多时候,企业会发现他们陷入百口莫辩的尴尬境地。虽然农夫山泉知道他们的产品没有"砒霜",但他们毕竟是"自家人说自己好",公众听取他们的辩解时相信程度难免会打个折扣,甚至以为企业在隐瞒真相,在狡辩。

此时,企业可以考虑借助外援。在外援资源中,相关政府部门具有较强的公信力,而且他们与企业不存在利益瓜葛,因而他们的观点容易得到媒体与公众的信服。不管是河源市质量计量检测所还是国家食品质量监督检验中心,都是农夫山泉借助的外力,他们相对公正与权威,他们一张薄薄的检测报告,其说服力会强过农夫山泉的"万言书"。

当然,企业并不是什么时候都能借助外力。企业的确被冤枉或者错误较小时,可以向相关政府部门求助,以获得他们的帮助。但如果企业危机重重,大势已去,显然从政府部门那里也拿不到救命稻草。再者,企业向政府发出求救信号时,一定要坦诚,切忌隐瞒真相。如果企业本身有问题,还遮遮掩掩,不知情的政府为企业说话,就成了打圆场,一旦东窗事发,政府也会难辞其咎,自然对企业也会耿耿于怀。如果企业再次出现危机欲向政府求助时,恐怕政府这尊"菩萨"也不好请了。

第七章
撬动舆论风暴的支点

◆ 媒体博弈的四大原则

◆ 记者：来的都是客

◆ 小心，祸从口出！

◆ 企业家的微博时代

◆ 微博中的淘金游戏与危机管理

媒体博弈的四大原则

　　传播学家麦克鲁汉告诉我们："媒介是人的延伸。"工业社会的号角渐行渐远，信息社会的旋律已迫不及待地在喧嚣的时代回旋，媒体开始一步步走上王者的宝座，向四面八方伸出触角，构成一张疏而不漏的巨网，人尽在其中。

　　这就是媒体的力量，媒体不是某一家利益集团创办的，任何利益集团也无法掌控所有的媒体。在媒体面前，你的名字是弱者，即使你富可敌国、身价百万，而企业也不例外。作为弱者，要学会在强势群体的夹缝中游走，这才是真正的危机公关之道。

　　对于企业，当危机来临时，往往不能绕媒体而行，因为媒体在其中的作用举重若轻。作为政府的喉舌和公众的传声筒，中国的媒体往往具有更强的公信力。尽管随着人们理性水平的不断提高，对媒体的崇拜有所降温，但企业与公众信息的不对称性，使得公众对外界信息的获知仍然只能依赖媒体，媒体仍然具有很强的话语权。

危机压阵，而企业又身处媒体水泄不通的包围中，想要对媒体敬而远之几乎是天方夜谭。因此，如何恰如其分地处理与媒体的关系，成为企业进行舆论博弈的头等要务。

企业要借势媒体，首先就要对媒体形成正确定位。

有不少企业对媒体深恶痛绝，认为媒体是不折不扣的墙头草：企业顺风顺水时，媒体会奉上溢美之词，给企业锦上添花；而一旦企业出现危机，媒体则见风使舵，群起而攻之，置企业于舆论的风口浪尖，与原来高调颂扬之时"判若两人"，甚至某些企业的险情就是媒体"捅了马蜂窝"，如南京冠生园的陈馅月饼、欧典的国际玩笑等都是媒体"慧眼识危"，使真相最终大白天下。因而，企业对媒体爱恨交织，爱的是在企业蒸蒸日上时，媒体可以为企业镀金镀银，使其光彩照人，大大提高品牌的知名度和信誉度；恨的是纵使山珍海味也喂不熟这只"白眼狼"，企业出现问题时，媒体便寻根究底，更有甚者还好子虚乌有、以讹传讹，使星星之火变燎原之势。

识时务者为俊杰，在瞬息万变的社会环境中，媒体也不可能一条巷子走到黑，时代在变化，他们的舞步也要根据时代的节拍而有所调整，这既是企业的生存法则，也是媒体的存在依据。媒体的职责是帮助公众了解社会环境变化的信息，以客观事实为基准，根据多方收集的信息，对外发布报道，从而成为公众获得信息的独立而客观的来源。所以，媒体是客观事实的反映。当客观事实发生变化时，他们自然会扭转风向，重新审视客观事实。当然，客观事实与对客观事实的反映往往不能重叠，事实与反映之间总会出现一定的偏差。基于上述因素，媒体报道企业危机事件往往会有以下特点：新闻报道贵在及时性，时间仓促难免使报道不够全面，可能会一叶障目甚至指鹿为马；媒体由于不准确的语言描述，与企业想要表达的内容背道而驰；媒体不是企业的后花园,他们有自己的分析角度,其宣传主题与分析重点也可能与企业的表达意愿相左。

不管面对的是传统媒体还是网络媒体,企业需坚持以下几个原则:

1. 洁身自好,做一个有责任的企业家

站在"钱堆"上的企业家,不要被财富的膨胀模糊了企业家应该有的道德与法律底线。

财富的膨胀让不少企业家成为黑红煞,谦和、顾家、俭朴、勤奋、创新为红,而在"钱堆"上站久了难免生出富豪法则——以暴制暴。

"办了他"、"收拾他"、"不就几个钱的事嘛"此类匪气、霸气十足的话语成了口头禅。在法律日趋规范的时代,动物丛林法则偏离人性的轨道,势必会被历史淘汰。而企业家在财富膨胀的影响下,逆势而行,原本谨慎的商人开始蔑视法律,不思悔改,唯我独尊,认为自己可以凌驾于法律之上。他们自鸣得意,自以为得到了企业制胜的不二法门,在必要的时候甚至会铤而走险。然而,等待他们的是徐徐打开的地狱之门。

作为企业,要明白自己的社会价值何在。

在这个大企业谈战略、小企业谈战术的疯狂年代,战略也罢,战术也罢,都与社会的血脉相连。媒体、政府、消费者,无论哪一个都是社会中的一份子,而企业更是社会中必不可少的一环。企业如何生存于其中,又如何发展于其中,回答这两个问题不可能脱离社会进行思考。因此,经营要想进入良性状态,就要以社会责任感为先导,让企业责任感成为企业的理念常青树。

提高企业的社会责任感,要以公众利益为先。企业追求利润无可厚非,但君子爱财取之有道,透支环境、社会资源、消费者个体利益的企业必将受到惩罚,成为人民的公敌。当公众举起愤怒的拳头,企业便很难有招架之力,生存都是悬念,更勿论发展。

每个成功的企业背后,都站着一大批支持它的公众,这是对企业社会责任感最好的回报。无数成功的案例，已证明该法则的有效性：松下电器的使命是"为了使人们的生活变得更加丰富、更加舒适，并为了世界文化的发展作出贡献"；强生公司的使命是"一切为了摇篮"；迪斯尼公司的使命是"给千万人带来快乐"……

如果缺乏责任感，即使渡过一次舆论危机，一定还会面临接踵而至的其他危机。正如在 2004 年发生的安徽阜阳大头娃娃"空心奶粉"事件中，面对媒体铺天盖地的报道，三鹿迅速将危机化解于无形之中，显然是正确运用危机公关技巧的成功。可到了 2008 年，"三聚氰胺"事件爆发，三鹿终究没有逃脱死亡的命运。究其原因，就是没有搞清楚乳业企业自身真正的社会价值是什么，应该是致力于为更多的婴幼儿提供健康营养的奶粉还是仅仅为了赢利。如果是一个缺乏社会责任感的企业，即使躲得过"初一"，也逃不过"十五"，终究还会被市场和消费者所抛弃。

如果一家企业始终置社会价值于不顾，只在事实层面上处理危机，头痛医头，脚痛医脚，运用一些公关技巧化解眼前的危机，试问，这样的危机公关还能走多远？

2. 做好舆论危机预防工作

"木秀于林，风必摧之；堆出于岸，流必湍之；行高于人，众必非之。"嫉妒、仇富心态风行千古，至今仍然鲜活如初。这些偷窥者觊觎着、等待着，只要企业一有风吹草动，他们就会兴风作浪，搞些恶意的创意和策划，甚至以威胁、暴力相逼。树欲静而风不止，好事者的趟浑水可能搅乱一池春水，简单地以打、压等方式对付这些危机甚至铤而走险，无疑是饮鸩止渴，如此一来，阴沟里翻船的几率非常大。

树越大，风越大。初出茅庐时，船小好掉头，危机对企业的冲击面也小。一旦成了财富领头羊，就会发现丛林中已危机暗涌，但不少企业家忙于攻城略地，顾不得念念危机经。企业在发展，而危机防御机制却停滞不前。滞后的危机防御机制迟早会成为企业发展的短板,给企业、企业家带来致命一击。

华为老总任正非有着非常深的企业发展忧患意识,"冬天一定会来,谁有棉衣,谁就活下来"。德国奔驰公司董事长埃沙德·路透的办公室里挂着一幅巨大的恐龙照片,照片下写着:"在地球上消失了的、不会适应变化的庞然大物比比皆是。"在危机如影相随的当代,能够未雨绸缪,有效预防危机,危机便会绕道而行,企业即可逃过一劫,避免危机带来的损失。

在危机还未破土而出时便将其扼杀,是经济学上的完全理性行为,利益至上的企业不会不谙此道。但是,很多企业直到危机昭昭时,方才恍然大悟,付出比扼杀危机萌芽更大的代价来抑制危机的蔓延。而且,并不是所有的危机都可以迎刃而解,正如并不是所有的死亡都可以挽救,对于病入膏肓者,纵使华佗再世,也难以妙手回春。

在蚂蚁王国里,总存在不少看似无所事事的懒蚂蚁,它们不运粮不垒窝,四处游荡,俨然一副"剥削阶级"的姿态。事实上并非如此。科学家经过观察研究发现,这些所谓的懒蚂蚁有不少担负着"危机雷达"的重大责任,正是由于它们的存在,蚁群有值得信赖的危险预警。对于一个企业而言,"懒蚂蚁"必不可少。如果没有"懒蚂蚁",企业便会缺乏危机意识,仅凭借危机发生进行危机公关,效果往往不尽如人意,谁都懂"防患于未然"优于"亡羊补牢"的道理。而超前的、准确的、敏锐的危机忧患意识才是最稳定的安全阀。

舆论危机预防是企业构筑的第一道防线,它需要强有力的危机预防机制。企业家要睁开第三只眼睛,时时刻刻关注企业的薄弱环节,企业的薄弱处往往是危机攻入的突破口。另外,危机模拟试验也是一种有效的预防机制,人在熟悉的环境中往往比在陌生的世界中更能游刃有余,因此危机预演的次数多了,企业内部人员对危机的敏感度也会提高,从而更能提前嗅到危机的苗头。

3. 学会说"正确的话"

企业在态度上不要抱侥幸心理，认为用暧昧的态度，或是强硬的态度就能搪塞过去。如今，公众日趋理性，在危机发生后，他们也有一个心理缓冲期，等待企业的表态，根据企业是否低姿态承认错误、是否愿意承担责任、是否愿意改进等，再决定是投下声讨的炸弹还是给予谅解的掌声。在很大程度上，企业的态度决定了危机公关的成败。

当企业跨入危机门，企业如履薄冰，消费者则如惊弓之鸟，而媒体也把镁光灯的焦点对准了企业，因此，无论是消费者还是媒体，他们都无一例外地渴望事实水落石出。此时，企业及时地与公众沟通是当务之急。

如果企业还在为媒体的"落井下石"耿耿于怀，企图以暴制媒，或以沉默作无言对抗，则是缘木求鱼之举。枪杆子打不过笔杆子，财大气粗的企业也改变不了媒体为王的现实。如果企业一意孤行，简单以打压方式妄图包住纸里的火，则可能落得偷鸡不成反蚀把米的可悲下场。如富士康起诉报道"iPod之城秘藏血汗工厂"事件的记者这件事，最终使富士康成为了媒体的公敌，业界的笑谈，不仅官司半途而废，连企业的信誉度也大打折扣。沉默则是典型的逃避式鸵鸟政策。信息空白是种种猜测、谣言滋生的温床，此时记者的猎奇之心被激发，于是捕风捉影的报道，与事实真相差距甚大的报道接踵而至。等到被铺天盖地的负面消息压得无力喘息的企业再想转身辩解时，已是百口莫辩，难挽狂澜。

遇到危机时，你不可以改变事实，但可以改变公众对你的看法。而改变看法，真诚沟通就是不二法门。

与公众沟通要学会说正确的话，而正确的话也未必就是百分之百的真话。如果太过诚实，一字不落地把真相搬出来，也不一定有利于危机的化解。2008年，三鹿奶粉事件曝光后，董事长田文华接受了《21世纪经济报道》的采访,当被问及为什么隐瞒时,田文华老老实实地回答:"我们在这次事件发生之前,已在内部检测出了相关的问题,我们也就检测结果跟有关部门进行过汇报。"田文华的实话,将一大批人拉下了水,得罪了不少人。

正确的话有三个要点:一是要感谢,感谢政府、公众以及媒体对企业的帮助和支持。"伸手不打笑脸人",感谢之词的确能给企业赢得不少印象分。除了感谢,适当的时候还得道歉,企业出现危机,不管企业有没有责任,都给政府与公众造成了困扰,道歉能给社会留下"知书达理"的好印象。二是要表明自己的态度,让公众知道企业正积极配合相关部门的调查,企业还是有所行动的。三是承诺,承诺一旦有了调查结果,就立刻告知公众。正确的话,展现了企业负责的态度,媒体与公众就可能对其更宽容一些,争取到更多处理危机的时间。

4. 快速有效地控制信息传播

对信息传播的有效控制要快。兵贵神速,每一秒都是争夺战,对信息传播的控制越及时,信息的传播导向就对企业越有利,企业也往往更能掌握主动权。

记者：来的都是客

联想创始人之一张祖祥在香港听到一个笑话：一个人每天都开车到山顶锻炼身体，每天他都要爬一个山坡。有一天他开车往那边走，对面过来一辆车。"猪！猪！猪……"他气愤异常，大骂一声："你才是猪呢！"等他拐弯时路上突然蹿出一头猪来，他来不及反应，把猪给轧死了。原来人家是在提醒他小心前面有猪，他却误以为人家在骂他是猪。

对于企业，记者就是提醒开车人路上有猪的人。记者，既不是企业的朋友，也不是企业的敌人，企业最明智的做法是善待记者。

记者与企业接触时，所有的记者都是带着任务来的。有些记者看起来其貌不扬，二三十岁，胡子拉碴，穿着随便，牛仔裤上面搭一件皱巴巴的衬衫，然后就那么松松垮垮、毫无拘束地坐到你的沙发上。他可能在你热情招待时大快朵颐，并被你的笑话逗得哈哈大笑。但这并不意味着他与你站在同一条战线上。

因为记者就是记者，他有自己坚持的原则和底线，他不是来和你侃大山的，他是来获得新闻报道素材的，他们会从各个角度和各种办法从你口中"套"出他们想知道的信息，他们会全方位调查你和你的员工，从中找到一些供他们进行推测和分析的依据。

他们所呈现的事实，可能是片面性的，因为他们只摘录了其中一部分的事实；他们未必是真实地记录事实，因为他们已经不知不觉地加入了他们自己的解释；他们未必让事实重现，因为他们进行了重构；而且，某些事件，可能触动了记者个人喜好的敏感神经，那么，这些事件就有可能掺杂了记者先入为主的价值判断；记者还有着质疑和"顺藤摸瓜"这样的职业天性。

我们更需要关注的是，记者背后站着无数观众和读者，得罪了记者，同时就有可能得罪记者背后的观众和读者。

记者往往对企业进行的挑战与未来的发展感兴趣，并对企业的慈善行为特别关注。记者比较喜欢听到并感兴趣的话题有以下几个方面：

我们正在进行一项慈善事业；

我们不断扩大规模，力求为社会创造更多的就业机会，尤其是为女性提供更多的就业岗位；

如今，企业面临着各方面的挑战，挑战主要来自于……

我们企业的理念与众不同，我们倾向于以人为本；

……

一旦接受记者采访，就要接受记者会源源不断提出问题这个既定事实。记者提出的问题不外乎企业的内部结构、企业的新动向以及企业家的个人魅力。当然，如果企业出现危机，那么记者就会抓住危机的话题不放。

针对企业的内部结构，记者一般会提出以下问题：

企业现有多少员工？

企业采取的人才战略是什么？

企业的激励机制有哪些？

企业各部门之间有没有矛盾？

企业有无内部通报机制？

企业内部管理还存在哪些不足？

针对企业新动向，记者倾向于提出的问题有：

企业开展新业务的背景和动机是什么？

企业投资力度大不大？

企业提供的产品与服务，有什么特殊优势？

这项新业务何时能实现盈利？

您觉得此项业务将会为企业带来多大的利润？

这项新业务是否存在风险？

谁在负责这项业务，负责人有什么优势？

针对企业家个人，记者一般会提出的问题主要有：

您创建公司的契机是什么？

您坚持的经营理念是什么？

您遇到的最大挫折是什么？

企业的总体发展战略是什么样的？

您对业界前景的展望是什么？

您如何看待企业家的社会责任？

您的接班人是谁？

您是如何看待现在出现的某热点的？

当企业出现危机时，记者提出的问题更为犀利：

您是什么时候知道的？

事情真相到底是什么？

企业有没有责任？

事情为什么会发生？

事情发生时，企业的负责人在哪里？

企业有没有采取措施，采取了什么样的措施？

未来企业还会采取什么样的应对措施？

当记者带着问题来到企业时，企业家要学着善待记者。美国记者萨利·斯图尔特指出，善待记者对企业绝对没什么坏处：

善待记者并不意味着你会得到什么优惠待遇，也不意味着记者会在报道事件时把你的利益置于他的职业道德之上。善待记者只意味着你的一点慷慨会收到更多的回报。如果你公平地对待记者，他会更乐意站在你的角度来倾听你的观点，然后再把它公正地报道出来。①

善待记者首先表现在，不要随便给前来采访的记者吃闭门羹，不管他的目的是探寻企业成功的秘密还是进一步探究危机的真相。如果无故拒绝记者的采访，就会给企业带来负面影响，反而会引起媒体的猜测。

如果记者前来办公室采访，企业家要礼貌地请他到办公室或固定的采访场所，请他喝一杯咖啡或热茶。尽量不要迟到，要知道迟到太长时间，也会被记者视为怠慢。如果他是开车来的，可以为他提供停车场地。

除了记者造访，新闻发布会也是常见的企业与媒体沟通的方式。企业一般会在发生突发事件，且事件关系到公共利益时召开新闻发布会。当发

---

① ［美］萨利·斯图尔特：《怎么和媒体打交道》，中信出版社 2005 年版。

生负面突发事件时，没有哪个企业家能高兴得起来。不过，即便如此，企业家也要对记者照顾周到。以电话或邮件等形式，事先告诉记者发布会举行的时间和地点。除非事件紧急，尽量不要在深夜召开新闻发布会。一般情况下，三更半夜把睡得正香的记者从暖和的被窝里拉出来，记者是不会带着好情绪参加发布会的。发言人需按时出席招待会，发布会的时间以一小时为宜。如果过短，显得没有诚意，记者获得的信息量过少，会有被涮的感觉；如果过长，不可避免地要说一些与突发事件无关的话题，记者会出现烦躁、不满等负面情绪。而且，发言人也更容易出现失误，被媒体抓住小辫子。

当然，并不是所有前来采访的记者都是公正的，其中不乏别有用心的小道记者，或许他们只是千方百计地设下语言陷阱，套出企业的缺点，并以"丑闻"的形式发布出去，其目的不是向公众传播信息，而是获利。因而，要注意对小道记者进行辨别，如果是没有听说过的媒体，所在单位没有网站，或者网站信息过少，就要提高警惕，最好委婉拒绝。

小心，祸从口出！

与记者见面沟通时也要斟字酌句，以下几点是企业发言人与记者沟通时需要注意的：

1. 不要妄自进行缺乏根据的推测

"事件的原因或结果可能是什么？"这是记者最常提问的问题。如果发言人手中已经掌握了确凿的资料和依据，那么谨慎地给出回答是可行的。但是，如果发言人缺乏根据，没有十足的把握就随便发表推论，则并不明智。一旦后来的事实证明，原因或结果并非之前所做的推测，发言人就犯了前后口径不一致的忌讳。

2. 不要中伤其他企业家或其他公司

对于其他企业家或其他公司，尤其是与本公司有利害冲突的企业家或公司，不要进行恶意批评，更不要以一个爆料人或知情人的身份，向记者公布"八卦"。

如果记者提出来的问题，是已经被报道的其他企业过失，那么发言人在进行评论时就要转移话题或轻描淡写；如果记者所提问题是媒体尚未报道的企业过失，发言人则最好不予评论。刻意中伤其他企业家或其他公司的言语，一旦被媒体曝光，言辞不慎的发言人就有可能会令当事人或当事企业怀恨在心。

再说，很多时候，适当地给予自己的对手一些好评，也是在公众面前塑造整个行业正面形象的良策。

3. 不要提供错误的数据

有些记者喜欢提问一些涉及数据的问题，譬如企业的年利润、销售规模、股东资本比例等。如果发言人已经掌握了确切的数据，则可以提供给记者。但是如果一些数据还未被确认，就不要急于公布。一旦不准确的数据公布，而且白纸黑字印到报纸上，再进行更正不仅会浪费很多精力，还会留下不诚信的污点。

4. 不要随便提供自己的手机号码

不管你与这个记者进行了怎样滔滔不绝而又气氛融洽的长谈，也不要随便把自己的手机号码告诉对方。或许，你热情地告知对方自己的手机号码只是出于表示友好和信任。不过，一旦企业出现糟糕的状况，这位友好的记者，就有可能坚持不懈地拨打你的电话，并抓住一切机会追问你事情的前因后果。其他记者也会接踵而至拨打你的电话，而他们所获得的信息或许也是从你那位"志同道合"的记者口中得来的。

5. 不要说出建议记者不要发表的那部分内容

如果当你说出某件事情后，再告诉记者"最好不要将这部分内容发表"，那么，记者往往会将你特意叮嘱记者的那部分内容公布于众并重点进行渲染。当你不愿意将这件事公布于众时，索性就不要说了。

6. 不要说"我告诉你实话吧"

千万不要以为"我告诉你实话吧"是讨好记者的一种方式。当你说出这句话时,就是给前面所讲的话判了死刑,既然从现在开始才说实话,那么之前的就不是实话了。而且,记者的圈子很小,企业发言人这样的言行很容易被其他记者知道,其他记者可能也会产生你之前所说的话并非实话的想法。

7. 不要说"我不知道,那是我的下属做的"

"我不知道,那是我的下属做的",这可能是一句实话,但没有人愿意因为那是你的下属做的,就会原谅你的"无辜"。如果你一再强调自己的"无辜",就是给自己扣上不负责任的帽子。明智的做法是:"对不起,尽管这是下属的错误行为,但我也有监管不力的责任,对给大家造成的负面影响表示道歉。"

8. 不要只说"我们不违法"

当企业发生危机时,不要以为只要抛出"我们不违法"这句话就万事大吉了。守法只是企业经营中应该遵守的社会规范,是不能触碰的底线。作为一家负责任的企业,其行为应在法律规定之上。而且,法律也不是尽善尽美的,也有空子可钻。

与其喋喋不休地一再强调企业"不违法",不如告诉公众企业作出了哪些努力。对此,日本的石川庆子给出这样的建议:①

我们所做的一切都是在法律允许范围内的,我们认为,作为企业,只是守法是远远不够的。我们应该在法律的基础之上,更严格地要求自己,采取安全防范措施。我们一直都奉行这一宗旨,努力健全我们的体制,但不幸的是,还是发生了这次事故。现在我们再次深刻反省自己的社会责任,并将彻底地查清事故,全力预防事故的再次发生。

---

① ［日］石川庆子著,陈刚、肖朝堰译:《如何应对媒体》,科学出版社 2007 年版。

企业家的微博时代

　　2010 年 12 月 12 日,脸谱网(Facebook)创始人扎克伯格拜访新浪。双方约见的时间是 10 点钟,但扎克伯格听说北京堵车堵得厉害,于是提前出发,结果早到了一个小时,只得在楼下的咖啡店熬时间。新浪首席执行官兼总裁的助理,在微博上看到博友们上传的照片,才知道客人已经等在楼下了。

　　"今天,你'织围脖'了吗?"成为当下人们最时髦的招呼。

　　随着网络时代的到来,新型媒体——网络,成了时代的宠儿。相对于传统媒体,网络更趋向定位于一个自由的国度。网上信息的沟通与传递的参与者,除了网站的掌控者,还有无可计数遍布全球的网民,其中的每个人都是一个"微型信息卫星发射中心"。一篇不起眼的帖子可以成为信息社会的一颗重磅炸弹,引起令人匪夷所思的震荡波。

论坛、博客之后,一种新媒体形式——微博正横空出世。

与传统媒体以及门户网站、博客相比,微博具有以下几点优势:

首先,信息获得的渠道更加丰富,传播范围更加广泛。以微博为代表的大众社交网络平台,缩小了人与真实世界的距离,丰富了信息获取的渠道。这时,人不再是单向的信息获取者,也成了信息传播者,渐渐承担起媒体的角色。一条消息,经过多个人的转发,可以得到广泛传播。

演员赵薇的一个"哇"字,引起了4124次转发和16788条评论,而青年作家韩寒的一个"喂"字,也被转发了1.3万次,得到超过6000条的评论。2011年1月17日下午,韩寒以帝王威士忌代言人的身份出席网络新闻发布会,以微博作为工具与网友交流"男人值得做的事",一个小时内引来5万多粉丝围观。

微博能够在支持者们的"口水信息"中突然引来关注焦点:当一个平淡无奇的词汇被反复传播的时候,这个看似无聊的字眼就变得内涵丰富,这个词的实质所指在于其背后的那些民意的故事。

其次,传递方式简便快捷。微博的篇幅限制在140字以内,但又可以上传视频、图片。而且,即使没有电脑,也可轻松通过手机登录。人们在登机前、开会前、会议桌上甚至就餐时,都可以轻松发帖、转帖和评论。

最后,零成本。如今,越来越多的人开始认同《长尾理论》的作者克里斯·安德森的观点:免费经济是一种范式革命。他在《免费》中谈到:"从20世纪初开始,'免费'再度兴起,成为一种营销手段。随着广播这种20世纪最具革命性的媒体方式的诞生,免费也开始日益发挥着重要的影响力。如果某种商品出现了充裕的局面,那么其成本就会压低到近乎为零,而企业的利润寻找点就会转移到相邻领域,美国科技出版商蒂姆·奥雷利将其称为'利润不灭定律'。"

科学松鼠会创始人姬十三,对此感触很深:"随便一个消息都能被转发上千次，这种速度和广度太强大了，而且还是零成本。"

创新工场董事长兼 CEO 李开复，也很看好微博："我也被微博改变了，学到了很多东西：什么是'给力'，谁是'苍井空'，当然还有宜黄血迁等；我交了很多朋友，推广了很多理念（美国最新创新创业理念，创新工场模式文化），并与许多朋友交谈辩论。"

在李开复看来，微博应用有四种功能：电子商务和 O2O① 的推广；帮助传统企业更深度理解和挖掘用户的需求；提供社交游戏；得到大众的爱戴。

企业家和企业，可以通过微博这个 140 字的平台，塑造企业家的个人品牌，推销企业产品和服务，并与客户进行深度互动。

大块的博客文章需要遣词造句，需要大量的时间，还需要观点鲜明、具有可读性，企业家做到这些往往是很难的。但微博一下子就改变了这种情况。企业家可以利用零散的时间，通过手机随时随地地在微博上写下想法。

由于微博操作简单快捷、影响力大，越来越多的企业家成为"微博迷"，通过微博塑造企业家品牌。

新浪微博内测时，刚进这片蓝海试水的潘石屹，把任志强拖下了水，"任总：介绍给你一个好东西——微博，外国人叫 Twitter，网友称为'围脖'。比我几年前介绍给你的博客更好用。用手机就行，更适合您"。任志强自此一发不可收拾，在微博上大显身手，地产与人生两不误，还偶尔和潘石屹斗斗嘴。任志强的麻辣文字中还会透出丝丝温情，比如告诉粉丝，他会和女儿打电话，并告诉她"我爱你"。任志强在微博上表现出的率真，反倒为他加了不少分。

万科的王石，在微博上则低调了许多，不时教粉丝辨别动物、植物，并教

---

① 即 Online to Offline，指将线下商务的机会与互联网结合在了一起，让互联网成为线下交易的前台。

授各种环保知识,以至于当人们想起万科时,联想到的不再是冰冷的钢筋水泥,而是绿色、健康。

柳传志已经意识到,微博是一种良好的品牌传播渠道,他在一次联想投资会上强调:"一定要好好利用微博这种新渠道做好联想投资的品牌。"

新东方的校长俞敏洪在微博中以青年导师的身份出现,时不时转发诸如"一杯清水因滴入一滴污水而变污浊,一杯污水却不会因一滴清水的存在而变清澈"这样的格言,告诉人们如何生活、工作和创业。有时候,俞敏洪还不忘幽默一把,"昨天晚上企业领袖颁奖结束后,一些企业家朋友一起聚会,大家玩得很高兴,就开始唱歌。郭广昌做主持,大家轮着唱,马云能把英文歌唱得很好,用友的王文京也唱得很好,还有龙湖的吴亚军等;柳传志在一边笑眯眯看着大家闹,我唱了一首《父亲的草原母亲的河》,结果唱劈了,声嘶力竭,从此被记录在案了"。连新东方的职员都称看了老俞的微博,觉得老俞的可爱形象跃然"网"上。

深度、幽默感、粉丝规模,都是企业家在微博中关注的元素,通过微博这个更为直接、迅速的传播渠道,企业家可以进行快速、免费、省力的自我和企业品牌传播,这正是微博的商业价值所在。

不过,微博再时髦,再方便,也洗不掉媒体"双刃剑"的底色。如果在微博上口无遮拦,也会引发危机。

前面提及的李国庆,很享受微博带给他的自由表达的愉悦,他自豪地在微博上晒自己的幸福:"忙了一天的年度预算和考核,幸亏各种工作社交有老婆出马,还有时间泡酒吧。本来俺公司按我要求PEGGY(老婆)是公司新闻发言人,可最近采访工作多,我只好替补。但其实没兴趣,每次媒体采访,我说的记者编导都不敢报道。还是围脖好,我想唱就唱。"

想唱就唱?恐怕没那么容易。

经过上市之初口无遮拦的教训,尽管李国庆也说过"我口无遮拦,多有得罪,请海涵"的话,但他似乎仍然对百无禁忌乐此不疲,引发了"舌战大摩女"事件。

2011年1月15日,李国庆在微博上发表了一首名为《虚伪》的"摇滚歌词":为做俺们生意,你们丫给出估值10亿~60亿元,一到香港写招股书,总看韩朝开火,只写七八亿,别×××演戏。我大发了脾气。老婆(即当当网联合总裁俞渝)享受辉煌路演,忘了你们为啥窃窃私喜。王八蛋们明知次日开盘就会20亿;还定价16亿……次日开盘,CFO被股价吓得尿急,我说忍了这口气,过了静默期我再×××××。

李国庆不乏粗口的"骂歌"招致多名网友的不满,其中以名为"迷失的唯怡",自称供职于摩根士丹利的网友为甚。1月16日晚,"迷失的唯怡"连发了多篇微博攻击李国庆,一篇博文称"李国庆你简直就不是人,三个月前你好像是嘴上抹了蜜。一本负盈利的烂账颤巍巍地四处磕头求你老婆动用她以前的社会积累和关系拉你一把,做了十年的破网就快倒闭了不想死得这么难看,你别忘了这可是有很多目击证人的"。还有一篇博文更有揭老底的架势,"小心做假账会被整到四肢不健全"。

热热闹闹的戏,在微博上演得轰轰烈烈,引来无数人围观,也让当当网的股价一跌再跌,两天内市值蒸发25亿元。这场"很黄很暴力"的开骂大戏,还是以李国庆的妥协收场,他向董事会写出检查,并通过微博公布,"我的歌词带脏话,有损当当网形象,没想到传播那么广,污染了环境,我今后改正"。他还写道:"同时我除了歌词外,没有骂和回骂,请查验我的围脖。同时我会要求:(1)有关公司彻查骂我者并采取措施。(2)作为客户,我对上市价格不满,请有关公司向我道歉。"

企业家在自己的微博这个一亩三分地上,可以谈天、谈地、谈狗、谈猫,也能谈人,但不能过了头,不能越界。

那么,一天发多少微博合适?发哪些内容最合适?对此,你可以听听李开复的意见：

作为一个尽职的微博主，最好能天天都发微博，别让粉丝忘了你。但是，一天发的微博数量过多，会引起大家的反感。保持一天发 10 条左右，平均分散在不同时段发出，避免"刷屏"，这是一个比较合适的频率。如果可能，在合适的时段发合适的内容（上班时发新闻和业界评论，晚上发娱乐和趣事，周末发给学生）。

或许有一天，"成也微博，败也微博"会变得水到渠成。利用微博产生的舆论效应，企业家能够塑造良好的品牌形象、化解个人危机。然而，稍有不慎，也有可能栽在微博上。旁人在微博上发表的有关企业的负面消息或企业家自己口无遮拦，都有可能引发大的危机。

所以，玩微博，还得悠着点。

微博中的淘金游戏与危机管理

除了以企业家个人魅力打造企业家及企业品牌此类含蓄的方式,微博也扮演着企业产品与服务营销的角色。

"如果你的粉丝超过一百人,你就是一本内刊;超过一千人,你就是个布告栏;超过一万人,你就是本杂志;超过十万人,你就是一份省市报;超过一百万人,你就是一份全国报纸;超过一千万人,你就是电视台;超过一亿人,你就是CCTV了!"对微博诸如此类的评论在网上流传已久,并深得众多"微博控"的认同。

与砸大钱、赤裸裸的商业广告相比,免费敲出140之内的文字,可能会带来意想不到的利润空间。

有这样一个微博营销故事:

在美国洛杉矶街头,有许多销售热狗、咖啡和煎玉米卷的小推车。一个卖煎玉米卷的商家叫罗伊，想出这样一个主意，他在 Twitter 开通了一个账号，在微博上预告快餐车的位置。这样，坐在大厦里的白领们，就能轻松通过微博，得知快餐车什么时候会到自己的楼下。预先接到通知的食客们，就可以自动下楼等待餐车。而且，这些食客们不但自己关注，还热心地把这些信息转给自己的朋友与同事。

如今，国内也有了微博营销的苗头。

香港港龙航空、中国国际航空、东方航空等公司，也在通过新浪微博发布机票促销、机场关闭以及飞机延误等信息。

2009 年 12 月 31 日，一个名为"dou 小 dou"的用户在微博中许下愿望："北漂族买不起房，买不起车，只奢望能有一个钻戒，不是全裸结婚就好。有人能满足我一下这个新年愿望吗?"半天内，恒信国际钻石机构董事长李厚霖就表示，愿意赠送一枚钻戒给她。这个温馨的故事，为李厚霖带来了好的声誉，也为他招徕了生意。

除了营销，微博更是企业与消费者之间进行深度互动的便捷工具。简洁可信的沟通，使企业与消费者之间不再是简单的买卖关系，而是赋予了交易更多的人性化色彩。正如百思买公司所说："我们原有的营销模式是开门做生意等客户上门。但是在全球化的信息世界，我们需要走出门了解人们对于电子产品的看法，人们的需求和兴趣。如果公司能够提供好的产品，那么客户就会前来。"

而且，微博这种人性化的沟通方式，不但降低了沟通成本，而且增加了沟通效率。事实上，大部分消费者都有这样的感触，打通一个公司的客服电话，往往需要十几分钟甚至一个小时的时间。而微博，正让企业与消费者之间的对话，变得温情脉脉且迅速深入。

一名用户在其 Twitter 主页中发帖称："JetBlue，我需要一个轮椅!"没多久，Twitter 上的 JetBlue 客服就主动联系这位用户，并帮她联络了能给予她帮助的人。到 2010 年，JetBlue 拥有的关注者已经超过 160 万人。JetBlue 有一个由 6 名员工组成的团队，专门负责微博的维护工作。另外，JetBlue 公司的每个部门还需派出关键人士负责回答用户的问题。

东航员工在新浪微博开通账号，昵称都以"凌燕"开头，这些可爱的"凌燕"们在微博上与客户互动沟通，增加了东航的亲和力。

一位消费者乘坐东航航班时发现商务舱座椅有一个"非常恼人的严重缺陷"，认为"东航 CEO 应该找出是哪个不负责任的人选购了这些椅子"。这位消费者将他的不满发到微博上，并很快得到几位粉丝的转发、评论和回复。而"凌燕资深美女"则表示，在最近的一次会议上他们正好讨论到这个问题，并承诺这位消费者遇到的问题将会很快得到解决。

当然，并不是所有的产品都适合开通微博，与公众打成一片。那些惯于低调，并无意在公众面前大出风头的企业，或许就并不适合在这样虚拟的热闹场合抛头露面。因为一旦在微博上出现，企业可能面临的是粉丝们无孔不入的跟踪与关注。快销品、化妆品、年轻人喜欢的品牌以及与 IT 有联系的产品，更适合通过微博获得品牌的凸显。

而且，与赤裸裸的传统商业广告相比，微博更适合"曲线宣传"，没必要急于通过微博对产品进行推广和营销。企业应该先站住脚，引来大批粉丝，然后再进行适度策划或顺势而行，这样才更能得到粉丝的好感。

李厚霖满足一个即将嫁人的女孩在微博上的愿望，比他直接呼吁"大家都来买恒信钻石吧"更有煽动性和号召力。对此，潘石屹的话有几分道理，"传统的广告灯传播方式是推向别人，别人是被动的，躲避的。而微博是要用你的智慧和美来吸引别人关注你，是主动吸引"。

同时，我们也需明白，微博的高传播性与快捷性，决定了粉丝关注度的易变性。如果企业不给予微博持续的更新与互动，好奇、热心的网民，很快就会转移到另一个阵地围观。

2010年11月3日中午,盛大文学有限公司首席执行官侯小强慷慨激昂地在微博上呼吁:"百度文库不死,中国原创文学必亡。"侯小强已点燃导火索,只等各路网友围观、站队和打口水仗。然而,"时运"多变,当天晚上腾讯与360宣布开战,整个微博话题立刻被垄断。网友们忙着批评这个,支持那个,或者认为各打五十大板,根本无暇顾及侯小强在中午喊出的那一嗓子。

侯小强如同一个隐忍的战士,坚持在微博上公布起诉百度的进展,与事件相关的其他人员也尽可能多地对此事给予关注和转发,但腾讯与360之间的开战轻而易举地湮没了这些信息。最后,到11月8日,连侯小强也加入了腾讯与360大战这个时髦的话题,"老实讲,我不知道360和腾讯谁有理,人们只是根据自己的经验和感觉各自站队,或者谁的声音高谁有理,想想真是可怕"。

因而,要保持企业在微博中的影响力,企业就要保证微博对话的日常化和制度化,向大众公布透明、真实的信息,学会倾听粉丝的建议,并在第一时间进行反馈。微博语言不要过于官方化,而要拟人化,附加一定的情感表达。与迫不及待地推销产品与服务相比,维护客户关系与企业品牌,同样具有重要的意义。

除了具有塑造企业家与企业品牌的功效,微博还是企业化解危机的新型舆论工具,可以帮助企业扭转糟糕的名声。

《微博力》指出,美国最大的有线电视运营商康卡斯特公司就是玩转微博的高手。

多年来,康卡斯特公司的名声一直不太好,处于客户满意度排行榜的垫底位置。在YouTube上,一位屋主上传了一段这样的视频:当屋主走进屋子时,她原以为康卡斯特的修理人员正在屋子里解决电视问题,但事实上,这个男人正躺在她家的沙发上鼾声大作。屋主录制了这位修理工的睡觉视频,并把这段视频上传到了网上。

随着互联网的普及，客户们有了更多发泄不满的渠道，康卡斯特公司得到更多的用脚投票，甚至一家网站直接诅咒"康卡斯特肯定完蛋"。

幸运的是，康卡斯特已经认识到了自己的不足，并尝试与客户进行良性互动。从 2008 年 4 月开始，康卡斯特的中层员工埃里亚森在 Twitter 上注册了第一个由大企业开设的，与客户沟通的账号。

在微博上，埃里亚森显得中规中矩，他负责地向顾客询问他们遇到的问题，并尝试解决这些问题。为了更明确地了解问题的细节，埃里亚森会给客户打电话。当客户需要一名修理人员时，埃里亚森也会提醒修理工要按时上门服务，并确保该修理人员知道客户的问题要害。一年之后，埃里亚森帮助了 2000 多名客户，并得到了很多客户的称赞，客户们普遍认为埃里亚森的服务非常体贴周到。

到 2009 年 4 月份，康卡斯特公司的 Twitter 团队人数已达到了 10 人，解决了数千名客户的问题，而且其成功率和客户满意度明显高于电话服务中心。

当客户发生意外事件时，康卡斯特公司也尝试通过微博解决。一个叫麦克·迈多夫的网友，在网上发布了一张照片的链接，照片上的内容是，一名愤怒的费城屋主在草坪上挂了一个写着"康卡斯特让人恶心"的横幅。得知此消息的埃里亚森，很快留言，表示公司将立刻调查此事。不到一天，埃里亚森就给迈多夫和其他关注者留言，称问题已经解决了。于是，准备借"横幅"事件向康卡斯特发难的质疑者，只好草草收兵。其中一位质疑者称自己"输"得心服口服，"我已经摆好架势，准备和这家有线电视提供商较量上几个星期，然而，埃里亚森迅速的干预让我莫名其妙地对这家我一直认为是懒惰无能的公司，产生了一丝好感"。

利用微博的高传播性，企业可以以舆论为支点，及时化解企业危机。以微博为媒介，企业能够绕过记者，与公众进行直接互动，并及时向公众传达企业对危机的态度、处理危机到了哪个阶段等信息,有利于企业在第一时间处理危机。

　　而且,当企业通过记者这一中间环节向外公布信息时,信息难免会因记者的个人情绪、理解偏差而有失准确性,甚至让公众产生误解,造成适得其反的效果。而企业直接通过微博,与公众对话,则避免了信息传达存在误差的可能,提高了企业危机管理的效率。

第八章
成功的对话范式

◆ 简单直白的坦诚

◆ 有的放矢的聚焦

◆ 眼泪能值多少钱?

◆ "切割法"的安全阀作用

◆ 离经叛道是一门艺术

◆ 与政治保持不温不火的距离

简单直白的坦诚

当企业发生危机时，企业是否坦诚，结局可能大不相同。

当 2010 年 8 月圣元奶粉发生"激素门"事件时，他们的当务之急应该是澄清事实，但相反，圣元却表现得像一个莽撞又血气方刚的年轻人，竟然在其官方网站上表示，圣元已经委托国际和国内律师事务所准备起诉凤凰卫视，指控香港凤凰卫视在断章取义。本身已经遭遇质量危机，如果再与凤凰卫视打起官司，无疑是又陷入另一个漩涡，频生是非的圣元，如何再去挽回它在消费者心中的形象？

我们可以看到，"激素门"危机发生之初，圣元的危机处理方式相当糟糕。圣元在一开始便作出强势回应，称自己的产品是安全的。

庆幸的是，圣元及时迷途知返。此后，企业的危机处理手段显得越来越专业，显然背后有职业化的专业危机公关团队在帮忙出谋划策。

8月15日,圣元集团董事长张亮在其网站发布了一封日期为8月12日的致消费者的公开信,以下为公开的原文:

近日来,圣元产品受到质疑,被怀疑含有造成婴儿性早熟的激素成分,这场风波一定给您带来了很大的困扰,作为圣元公司的董事长,我在此代表圣元公司的25000名员工向您表示诚挚的歉意!

……

面对广大消费者,我作为圣元公司的董事长深感惭愧,您给予了圣元公司信任,选择了我们的产品,我们不仅应该给您提供优质的产品,更应该给您提供一份信心、一份安心和一份骄傲!但是,您目前得到的却是疑虑和不安。同样作为父亲,我感同身受地理解您现在的担忧,圣元公司可以为消费者解惑、奉献、牺牲,不论是为了一位还是两位,更不用说如此众多,这都是圣元应该做的!但是,面对眼前惊扰到这么多家长消费者的事实,我能做的,只有表达我深挚的歉意和惭愧!

我知道您现在最大的期望是有一个明确的结果,而不是社会上沸沸扬扬的议论。您可能也会疑惑:圣元为什么自己不将产品送到权威机构、乃至国外独立检测机构去检测,以还自己一个清白?需要说明的是,圣元自己送样品付费检测所获得的数据,只能供内部使用,对外没有任何公信力。原因有两点:一是所送样品的真实身份无法证实;二是与检测机构存在付费的利益关系。圣元将自己的数据向社会公示只能受到信用的质疑,而不能证明任何其他。我还想说明的是,身为业内人士,我可以理解相关技术机构检测我们的产品会颇费周折,需要时间,但是我何尝不是同样地期盼结果!

……

此刻,我恳请您用您的心去判断这场风波,恳请您以您健康可爱的宝宝为依据判断您的选择。

我现在唯一能够向您讲的,还是对不起!

这封言辞恳切,措辞到位,并没有急于为圣元奶粉辩白,而是站在消费者的角度,表示理解消费者的困扰。而且,对于为何不将产品送往权威机构检测的理由阐述,看起来比较理智和客观,容易赢得消费者的认同。而卫生部公布的"圣元奶粉导致婴儿早熟门"事件的调查结果,则进一步证明了圣元的清白。

企业发生危机后,公众最希望得到三个问题的答案:"发生了什么?""事情是怎么发生的?""为了确保类似事件不再发生或最大限度减少事件的危害,企业将采取什么样的措施?"如果企业缺乏简单直白的坦诚,不把真相告诉公众,那么,往往会对企业造成很大的舆论伤害。

华为的任正非脾气火爆,喜欢直来直去,这给他与别人之间的沟通带来不少负面影响。任正非安排任务时,语气往往是不容置疑的命令式的,下面的人很少有机会表达自己对其意图的理解,更是不敢"多几句嘴"明确领导的意图。迫不得已,任正非的下属学会了"猜"的门道。不过,揣摩任正非的心思,也不是百发百中。新员工往往会猜错,而在华为待的时间久的老员工,猜错的几率就小一些。

企业内部的沟通尚且如此,更何况企业与媒体之间的沟通。如果企业单纯以强制力量阻塞新闻来源或保持沉默,在关键时刻集体失声,往往会给谣言的产生提供机会。而且企业如果在突发事件中保持缄默,也往往会被公众扣上"不作为"的帽子。只有保持企业与媒体、与公众之间畅通的沟通渠道,企业才可以清除谣言,并掌握舆论的主动权。

同时,蒙在鼓里的公众往往只会把注意力聚焦于探究事情的真相,只有企业把真相公开,才有可能动员公众参与到对突发事件的处理中。

态度决定命运,在很大程度上,沟通的态度决定沟通的成功率。与媒体、公众沟通，企业要抱有诚意，任何程度的恶意抵制或矢口否认都只会加剧媒体对企业的狂轰滥炸，而公众也会给企业戴上"不诚信"和"推诿责任"的帽子。

企业应该以真诚的态度，告诉公众，到底发生了什么，采取了什么样的应急措施，对危机的态度如何，还需要什么样的社会合作等，这些信息的对外公布有利于企业最大限度地动用资源切割危机。

前面所提起的百事可乐的危机事件，恰恰也是得益于百事可乐坚持的公开透明原则。

百事可乐从险象丛生到峰回路转，显示出其高超的危机公关技巧。尽管在危机最严重时，百事可乐公司的销售额下降了 3％，损失约 3000 万美元，但到了 7 月和 8 月，公司的销售业绩甚至比同期还提高了 7％。

在百事可乐危机公关中，值得一提的是百事可乐出色的危机公关团队的建立。在意识到危机已凸现之后，百事可乐公司就在第一时间内把实情毫不保留地告诉了企业员工，这符合危机公关专家里杰斯提出的 Tell it all（提供全部情况）的观点。公司的消费者顾问每天都要到 400 家灌装现场两次至三次，详尽地告诉总经理和厂商危机的进展情况，并向他们进行危机公关培训，教他们如何根据《产品污染处理指南》来与消费者、媒体沟通等。

虽然危机过后风平浪静，百事可乐依然高歌前行，但其总裁威勒鲁普的话仍然余音绕梁，值得我们深思，"首先就是坚持事实。这绝不是陈词滥调，我们对此坚信不疑。我们知道身边发生了什么，我们必须找到一种方法把事实摆出来，让人们知道。其次就是透明，对媒体敞开心胸"。

处在危机漩涡中的企业，其对突发事件处理的一举一动都是媒体和公众关注的焦点，有不少企业就是因为在处理突发事件时与外界沟通不力，才把小危机不断变大，直到压倒自身。这都是因为企业没有迈过媒体和公众这道坎。因此，人们也形象地把沟通称为危机中的金科玉律。

危机中,企业以往的成就与积累的良好声誉,很容易会被不断出现的有关企业失误的报道所湮没,企业与公众之间的良性互动则会被模糊、混乱、猜疑与冲突所冲垮。公众不会因为该企业之前是一个优秀的企业,就轻易打出宽恕牌。

危机管理的领导者,必须擅长沟通,如果不把危机发生的前因后果以及解决问题的办法等信息全面地传达给公众,公众就会猜疑,危机蔓延的速度就越快。坦诚能够有效缓解危机,为企业危机管理争取更多的时间。

显然,仅有一次沟通是远远不够的,企业的发言人必须通过网络、报纸、电视等媒体,持续不间断地与公众沟通,不断强化有利于企业的正面信息,尽力恢复企业的形象。

有的放矢的聚焦

一位年轻人计划耗资近百万元,在达拉斯建造一座饭店。但由于资金紧张,这个年轻人的造房计划不得不中止。于是,年轻人专程拜访了卖给他地皮的达拉斯大商人杜德。年轻人告诉杜德,由于资金链出现问题,饭店工程半途而废。杜德双手一摊,表示无可奈何。

年轻人告诉他:"杜德先生,酒店停工让我遭受损失,但您的损失会比我更大。"

杜德不解。

年轻人解释:"如果我换个说法,告诉大家,酒店停工是因为我想选择另外一个地方盖饭店,那么酒店周围土地的价格也会下跌。"

杜德思考良久,最终决定资助年轻人造酒店。

说话是一门艺术,仅说明真相远远不够。

在进行"话序"排列时,应坚持最优选择。这是企业与媒体、公众进行舆论博弈的关键点,如果企业能找到这个"牵一发而动全身"的关键点,往往能取得良好的效果。如果企业找不准关键点,盲目撒网甚至缘木求鱼,结果只能适得其反,甚至"赔了夫人又折兵"。

在事件尤其是危机事件发生后,企业面临着很大的舆论考验。如果企业没有聚焦点,那么其蹩脚的发言有可能会比保持沉默还要糟糕。

蟑螂是导致笔记本电脑出现故障的原因,你信吗?

2010 年,中央电视台"3·15"晚会曝光惠普笔记本电脑出现大规模质量问题,对此惠普公司客户体验管理专员给出的回答是:我们谁都解决不了的问题是中国学生宿舍的蟑螂,那是非常恐怖的。

惠普的"蟑螂说",削减了消费者对该品牌的忠诚度和信任感,遭到消费者的鄙视和媒体的联合舆论攻势,惠普因此陷入诚信危机。

当企业发生危机时,企业舆论处理的焦点就是展现一个负责任的、勇于担当的企业形象。企业应该对事实真相负责,告诉公众到底发生了什么。此外也要对利益相关者负责。当利益相关者的利益受到损害时,企业应该作出适度承诺,告诉人们企业会进行什么样的补偿、安抚以及致歉政策。

真相固然重要,但缺乏技巧的真相沟通,未必会削弱危机对企业的负面影响。事实上,将所有的信息都告知公众,会导致信息过于泛滥,致使人们无所适从。企业应该就公众最关心的问题作出针对性的回应,而不是一股脑地把所有的信息都传达给公众,让他们自己去选择。

另外,若企业只向公众公布对企业有利的信息,刻意隐瞒真相中的重点,尤其是隐藏对企业不利的信息,显然也是打偏了靶。

2010 年 7 月 14 日,香港媒体《壹周刊》的一篇报道让霸王国际集团身陷"致癌风波",报道称霸王旗下洗发水产品含有致癌物质——二恶烷。

在化学物质泛滥,对人们的生命安全造成威胁的今天,霸王洗发水以中草药为配方的环保面貌，再经成龙大哥的推荐，出现在众人面前，深受消费者的信赖。但此消息一出，强大的危机激流却将霸王打了一个措手不及：各大媒体、网站对此进行疯狂报道，霸王股价也在一天之内暴跌 14％，市值蒸发了 33 亿港元。

在致癌风波事发后第一时间内，霸王集团就连续发出三份声明强调其产品的安全性，并通过官方微博发布 29 条消息作出相关说明。此后，霸王集团还使出极具杀伤力的一招，即诉诸权威部门。7 月 16 日，国家质检总局和国家药监局都发布公告称："霸王相关产品的抽检样品中，二恶烷含量水平不会对消费者健康产生危害。"作为极具权威性的部门，国家质检总局和国家药监局的数据，很难被推翻。掌握了这两把尚方宝剑，霸王公司在处理危机时，无疑占据了优势，可以理直气壮地面对各方的质疑。

站在法律法规的角度上，霸王集团的确可以理直气壮，但也不必咄咄逼人。

《壹周刊》有关"霸王致癌"的报道一出现，霸王集团就发表了声明：

我们的所有产品均按中国法律、法规及标准规范生产，并通过多项检验及测试，绝对符合中国内地及中国香港品质及安全要求，顾客可放心使用。公司没有刻意在产品中添加二恶烷做原料，它是生产过程中的副产品，是自然残留的微量物质，技术上无法避免。无论中国还是欧盟的现行化妆品管理制度都未对化妆品原料的副产物二恶烷作出规定，对化妆品原料是否可以带入二恶烷也未作规定。最后，我们对《壹周刊》的失实报道所带来的影响保留法律行动的权利。

霸王集团首席执行官在接受采访时也表示，二恶烷是在原料加工过程中出现的，大部分洗头水都有，且霸王洗发水的二恶烷含量较少，对人体无害。客观地说，霸王对其产品安全的声明，也算聚焦，为自己的辩解也比较到位。但是,霸王"得理不饶人"的态度,并不可取。

不管霸王是刻意还是无意,不管其洗发水中的二恶烷含量是较少还是较多,霸王洗发水中含有二恶烷是不争的事实。按照消费者的逻辑,霸王洗发水不能以"无论中国还是欧盟的现行化妆品管理制度都未对化妆品原料副产物二恶烷作出规定,对化妆品原料是否可以带入二恶烷也未作规定"为由,对外坚称少量二恶烷不会对身体造成伤害,洗发水中含有二恶烷是合情合理的。至少,霸王集团违背了消费者的知情权,没有在产品成分中标注二恶烷的存在。所以,霸王集团至少应该向消费者道歉。

与财大气粗的霸王相比,酒类行业对 2008 年"致癌门"的危机处理要有理有据得多。

2008 年 9 月 23 日,有网站发出消息:"据传闻,继蒙牛、伊利、光明液态奶被查出含三聚氰胺后,日前,国家质检总局又抽查酒类产品,在贵州茅台、山东张裕、中粮长城和青岛啤酒的酒类产品中发现了致癌物质亚硝酸钠。"

受传言影响,当天,张裕 A、青岛啤酒、贵州茅台的股票大跌,其中张裕A、青岛啤酒跌停,贵州茅台的股票跌幅达 9.43%。同时,酒类产品在市场上也受到不同程度的影响。

为遏制谣言的进一步传播,酒类企业纷纷进行辟谣。辟谣也要抓住软肋,"致癌门"的信息关键点有两个:一是国家质检总局是否进行了酒类产品的抽查;二是贵州茅台、山东张裕、中粮长城等企业的酒是否含有致癌物质亚硝酸钠。

酒类企业分别就这两点开展了辟谣。青岛啤酒和张裕公司表示,他们的产品不含亚硝酸钠,且国家质量监督检验检疫总局近期并没有进行酒类产品的检测工作。贵州茅台表示:"从白酒的酿造工艺过程中看,是不可能产生亚硝酸钠的。亚硝酸钠是一种防腐剂,而白酒的主要成分是酒精,酒精本身就有防腐的作用,因此,酒类产品没有必要添加亚硝酸钠。"

从信息来源看，国家质量监督检验检疫总局根本没有进行酒类产品的检测工作，这说明信息本身就是子虚乌有；从信息本身内容看，酒中的酒精已经具备与亚硝酸钠相同的功能，企业完全没必要再"画蛇添足"增加亚硝酸钠，再说，额外添加亚硝酸钠还会增加产品成本。

酒类企业有理有据的声明，使得谣言不攻自破，"致癌门"阴霾逐渐散去。

中国石油化工集团应对"天价吊灯"事件的危机公关策略也值得思考。

2009 年 7 月 13 日，一个名为"banwanliming"的网友在某论坛上发了一个"朋友去中石化参观了价值 1200 万元的天价吊灯"的帖子。帖子称：

前不久，几位朋友到斥资数十亿建造的中国石化大楼参观，10 余层高的辉煌大堂已经让所有人惊讶了，可是负责接待的领导偏偏让大家猜猜悬挂在大堂中间的一个吊灯的价格，有人猜 8000 元，有人猜 1 万元，有人猜 5 万元，有人猜 10 万元，也许去的朋友没见过大市面，看看接待方的眼神和摇晃的脑袋，大胆报出了 100 万元的天价。

接待方的领导看大家真的猜不出来了，便说："再加 10 倍也不够！"大家真的目瞪口呆了："啊？1000 多万元一个灯？"这时接待方领导小声地说："1200 万元。"现场所有的人彻底地晕了！

……

而就在前不久中石化还声称：为履行社会责任去年中石化实际亏损 1144 亿元，我大概算了算去年中石化的实际亏损超过 9533 个吊灯。

也是在同一天，"banwanliming"还在论坛上发了一篇名为"天天喊亏损天天喊穷的中石化公司装修费要 2.4 亿元"的帖子。

两个帖子双管齐下，引起众怒，社会舆论出现对中石化的井喷式斥责，称中石化"炫富"、"腐败"。

7月18日。中石化作出回应,称"吊灯高4米、直径6.5米,主要材质为水晶和钢板镀铜,从设计、制作到运输、安装,一共耗资156.16万元"。而且,吊灯的采购安装经过严格的招投标程序,整个监管过程也非常严密,"大楼维修改造和办公大楼内吊灯的票据和相关资料可以随时接受有关部门的调查"。而网上所说的中石化奢华装修工程,为中石化小营办公区旧楼维修改造工程,工程总预算2.4亿元,其中内部装修费用为5925万元。

与高得咋舌的1200万元相比,吊灯的实际造价156万元也便宜不到哪里去,而且中石化以"合法程序"撑腰,大有"真金不怕火炼"之势。或许,156万元是事实,但这是过于老实的回答,并且中石化因有"合法程序"撑腰而表现出的有恃无恐,也让公众很不舒服。在公众眼中,中石化已成为挥霍无度的典型。中石化的举动不禁让公众困惑,是不是吊灯1200万元为实,只要中石化拿得出票据和相关资料,如此耗资天价的吊灯就是合情、合理和合法的呢?

为什么中石化不乖一点,在拿出"156万元"这一说法的同时,也放低姿态,把重点放在承担责任上,并作出适度承诺呢?

能否有的放矢地聚焦,将直接影响到企业舆论处理的效果。企业有意识地进行聚焦时需注意以下两点:

第一,找到靶心。突发事件发生后,即便企业有千头万绪,也要找到危机的核心。俗话说"打蛇要打七寸",应对危机也是如此。如果企业找不到靶心,射再多的箭也是徒劳。在酒行业"致癌门"的危机处理中,企业找到了危机处理的关键词——国家质检总局。企业需向公众解释,到底有没有国家质检总局抽查这回事。后来企业拿出证据,证明国家质检总局根本没有抽查酒类产品这一行为,连抽查行为都是子虚乌有,那么"抽查中发现致癌物质"更是子虚乌有了。

相反,中石化在应对"天价吊灯"事件就没有找到靶心,人们的关注点是吊灯太贵了,1200万元的价格让人大跌眼镜,156万元也不便宜。所以,不管是1200万元,还是156万元,都是贵,拿"156万元"为"1200万元"当挡箭牌,显然是打错了算盘。所以,"天价吊灯"事件的核心是贵,中石化需要从该核心出发,为管理的疏忽向公众道歉,而不是只在156万元比1200万元更便宜上做文章。

第二,寻找合适的箭击中靶心。找准了靶心之后,企业就需重磅出击。但是,有一些企业,找到了危机的根源,却找不到有效的解决方式,采用避重就轻或南辕北辙的错误处理方法,导致事件进一步恶化。

在惠普笔记本电脑出现大规模质量问题时,惠普把责任归结到了"中国学生宿舍的蟑螂"身上,拿不会说话的蟑螂当自己的替罪羊,显然没有说服力,人们会认为惠普在推卸责任,缺乏应对问题的诚意。

霸王洗发水事件中,靶心很容易找到,即洗发水中含有二恶烷。霸王洗发水的辩解也算有理有据,找到了问题的核心,即霸王洗发水中含有的二恶烷较少,对身体无害。不过,霸王在顾及消费者的情感方面,行为还有欠妥之处。即便霸王洗发水是安全的,但大部分人"闻二恶烷色变",一时半会儿难以释怀,因而明智的做法是适当的道歉,对违背消费者知情权表示歉意,以获得消费者的谅解。

眼泪能值多少钱？

想不到，一向以硬汉著称的牛根生，也流泪了。

2008年，一纸万言书，尽显蒙牛与牛根生的困境。在致中国企业家俱乐部理事及长江商学院同学的万言书中，牛根生谈到："股价暴跌，导致我们抵押给摩根斯坦利的蒙牛股份在价值上大为缩水，这引得境外一些资本大鳄蠢蠢欲动，一面编织谎言，一面张口以待……及时补足保证金，关系到企业话语权的存亡。作为民族乳制品企业的蒙牛，到了最危险的时候！"

在这个有柳传志、傅成玉、田溯宁、马云、郭广昌、俞敏洪等重量级的企业家聚会中，牛根生向在座企业家表达了蒙牛所处的困境，并进行求助。在座的企业家也慷慨解囊，如柳传志把2亿元打到了"老牛投资"的账户上，俞敏洪送来5000万元，而中石油也准备了2.5亿元……

牛根生的眼泪值了大钱。

这里的眼泪，指的是企业打出的感情牌。感情牌有两种：一种是企业家或企业本身"动之以情"，表达企业或企业家的个人情感，以引起媒体和公众的关注，如牛根生的眼泪；另一种则是民族感情牌。

当企业发生危机，公众认为自己受到伤害时，企业最常打出的感情牌是致歉。

危机一旦爆发，媒体和公众都不会给企业回旋的余地。所以，即使公司还没有对危机真相有一个全面、准确的了解，也要致歉先行，先把面对危机的真诚态度摆出来，平息众怒，为自己留下转身的机会，从而有效控制危机的蔓延。

2010年，作为世界第一大汽车企业，以质量优良著称的丰田汽车，却因为安全问题引发了"踏板门"、"脚垫门"、"刹车门"等风波，这无疑是"自己打自己的耳光"。巨额损失、销售下降自不必说，其数十年塑造的质量口碑也是岌岌可危，这让丰田汽车陷入了一场前所未有的危机之中。

面对消费者的抱怨和媒体的口诛笔伐，丰田汽车公司为修复公司形象，挽回消费者信心，展开了密集的危机公关活动。在处理手段上，虽然不免有些瑕疵，却也有掩盖不住的亮点，这些亮点，为丰田渡过这次危机助了一臂之力。

首先，作为丰田汽车的掌门人，丰田章男亲自去美国道歉。

作为世界上最大的汽车销售国，美国是丰田汽车质量事件的"重灾区"。美国的丰田危机愈演愈烈，作为丰田汽车的总裁，丰田章男亲自去道歉势在必行。2010年2月23日和24日，丰田章男出现在美国国会举行的两场听证会上。听证会开始后，丰田章男就用英语向因驾驶丰田车而发生事故的驾驶员表示"深深歉意"："我向死者表示最诚挚的悼念，对丰田车主经历过的所有事故感到深刻的歉意。"接着，他承诺将努力修好被召回的汽车，严格执行"安全和顾客第一"的产品理念，"我们家族的名字就在每辆汽车上，我也愿意在个人层面上作出承诺,丰田员工将竭尽全力工作,重塑消费者的信心"。

虽然在丰田危机事件发生之初,丰田章男本人没有在第一时间公开道歉,但他在这两次听证会上的表现却十分诚恳。不仅如此,他还公布了丰田汽车今后要实施的改进措施:对运营进行全盘重新考虑,引入外籍人士进入公司高层;在处理用户投诉方面,丰田也将积极改进,公司高层将亲自试驾产品以掌握第一手材料。

其次,丰田章男从美国直飞中国道歉。

继在美国国会致歉之后,2010 年 3 月 1 日,丰田章男直接飞往中国进行第二次海外危机公关,而且,与美国听证时的被动不同,丰田章男的中国之行并非受到来自任何一方的压力,而是主动要求。

就汽车质量问题而言,丰田在中国的危机远不及在美国严重。但是,丰田章男依旧将危机公关第二站选在中国,表现出了丰田汽车以及丰田章男的明智。

众所周知,"两会"即全国政协和全国人大会议,分别于 2010 年 3 月 3 日和 3 月 5 日在北京召开。届时,关乎国计民生的很多热点问题都要被讨论,丰田汽车质量问题也很可能会成为与会者议论的热点。在两会这样的背景下,丰田章男的道歉其实是在向中国的政治家们表明一种寻求支持和谅解的态度。另一方面,近年来,中日关系呈现政经两热的难得局面。既然,日方已主动低头,相信中国政府至少在政治层面上会给这家日本最大的汽车生产商一个面子。

此外,一年一度的中央电视台"3·15"晚会也将播出这一事件。作为一项消费者维权活动的总结,央视"3·15"晚会在权威性和公信力上首屈一指,往往是曝光企业危机的时间点,"有幸"被"3·15"晚会选中的企业,将面临着一场声势浩大的舆论风暴。本来已经站在危机风口浪尖的丰田汽车,如果质量问题再被"两会"提及和在央视"3·15"晚会上被曝光，丰田危机的蔓延之势可想而知。

因此，选择在"两会"和"3·15"晚会之前来到中国，表现出了丰田章男的前瞻性，以及他力求将损失减到最低的决心。但是，这还仅仅是其前瞻性眼光的部分表现，背后更深层的意义在于丰田汽车清楚地看到中国是世界上最大的潜在汽车市场。2009年，丰田汽车在全球市场的销量同比下滑了4%，但在中国市场却取得了较快的增长，年销量约58.5万辆，同比增长了17%。

2010年3月1日下午6时，丰田章男在北京举行记者招待会。会上，他公布了丰田汽车的三大问题，还提出了三条措施保证中国消费者的权益，"以此向中国消费者重申丰田对质量和安全的承诺"，并且再次就"召回"事件道歉，同时承诺会避免类似事件再次发生。

中国历来讲求"知错就改"和责任感，事实证明，丰田的道歉和"召回"起到了一定成效。道歉后就有消费者明确表示："我知道丰田召回汽车的事情，但是也不会影响我以后购买丰田车。"虽然短时间内，丰田在中国的负面形象不会被完全遗忘，但中国消费者没有美国消费者那么挑剔，丰田章男的主动道歉与主动召回应该会减弱此次事件的负面影响。

道歉不仅包括言语上的，还包括物质上的，即赔偿和补偿。

在经济学上，提供免费的内容能提高企业的竞争优势。任何提供免费内容的企业都具有同行不可比拟的优势，免费成为企业惯用的"进化稳定策略"。在有损公共利益的突发事件发生后，企业也可以将经济学上的"免费"模式嫁接过来。免费模式的适当应用，是一种变相的感情牌，可以在一定程度上表达企业对公众所受伤害的歉意以及处理这一突发事件的诚意。

民族感情牌，是从爱国和民族精神等角度出发的，其目的是希望各方支持企业，保护民族品牌。娃哈哈董事长宗庆后，就打出了一张漂亮的民族感情牌。

　　2007年4月3日,娃哈哈董事长宗庆后亲自爆料,达能准备并购娃哈哈。娃哈哈认为达能是强买强卖,而达能则认为并购合情合理。娃哈哈与达能的暗战面纱从此被撕下,口水大战就此展开。

　　在这场两者轮番登场的口水大战中,宗庆后频频打出民族感情牌。如宗庆后表示:"如今达能竟然采用如此卑劣的手段,妄图在娃哈哈企业发展高歌猛进的时候来摘取胜利的果实,这种不劳而获的行径,遭到了娃哈哈全体职工代表强烈的不满与愤慨……我们强烈呼吁国家尽快出台反对外资恶意并购的相关法律法规,尽快启动对于达能集团这一明显的恶意并购行为的调查,维护我们民族品牌的利益……我们坚信,依靠各级政府的支持、依靠中国人民的智慧与力量,我们必将赢得抵御达能并购娃哈哈这一事件的全面胜利……请支持我们!"

　　娃哈哈举起民族品牌的大旗,成功刮起"支持娃哈哈,抵制达能"的中国风。重庆、成都、湖北、安徽等地十多个地方政府分别以公开信、声明等形式支持娃哈哈、声讨达能。如河南省新乡市政府在其声援信中旗帜鲜明地表态支持娃哈哈:"新乡娃哈哈分公司为新乡的经济和社会发展作出了巨大的贡献。得知目前法国达能公司欲强行收购娃哈哈集团旗下非合资企业,我市对您反垄断、争取公平地位与保护民族品牌的英明决策表示理解和坚决支持,相信最后的胜利必将属于娃哈哈集团。"

　　在诸多专家学者中,也不乏娃哈哈的支持者。著名策划人李光斗言辞激昂地声援娃哈哈:"明眼人一看就知道,宗庆后中了达能十年前就设好的'消灭式合资'的圈套。后果很严重,娃哈哈眼看就要花落人家了……若干年后,假如我们的著名本土品牌都被消灭殆尽,假如我们的国人不以使用本土的品牌而自豪,那么到时候我们一定追悔莫及。谨以此文,声援宗庆后,声援中国本土品牌。"

不少国内企业也力挺娃哈哈，健力宝、乐百氏、光明及多家杭州民营企业都在此列。健力宝集团董事长叶红汉特意向宗庆后发来一封声援信："自3月中旬以来，我注意到宗先生在保护民族品牌、反对外资垄断中国饮料行业作出了巨大的努力，并且还积极提议国家立法限制外资恶意并购的举措。对此，我表示由衷的声援和赞成。"

在各大报纸、网络，声援娃哈哈的呼声铺天盖地，达能成为欺压民族品牌的外来侵略者。"声援娃哈哈"、"抵制达能"、"保护民族品牌"等字眼频频出现。当易凯资本公司首席执行官王冉在自己的博客上发表文章质疑宗庆后的举动后，跟帖达到700多条，骂声一片，其中"卖国贼"、"汉奸"等字眼频频出现。

娃哈哈大打感情牌，把握大势，调动民族情绪，在气势上压倒了达能，赢得了民意，这对娃哈哈品牌以及宗庆后个人品牌大有裨益。

民族感情这张王牌，无论是在慷慨激昂的声明中，还是拍案而起的雄辩中，都包含着号召广大民众保护民族品牌、群起而攻达能的言辞。宗庆后大张旗鼓地打起民族品牌，让达能成为了全民公敌。在中国，恐怕没有任何一面大旗能像民族大旗一样一呼百应。站在愤怒高压线上的还不止娃哈哈人，不少地方政府、学者、同行，甚至一般公众都把矛头指向了达能。

在这种策略中，宗庆后从一开始就以受害者的姿态出现在公众和舆论面前，控诉达能的罪行。而达能打包收购娃哈哈此举，从事实角度讲，也确实不妥当：首先，收购时机不当，彼时中国政府开始制定各种反垄断收购条例以保护国家经济安全。已经多处插手的达能，此时又提出打包收购，正好撞在枪口上。其次，达能是以40亿元低价收购非合资公司51%股份，与专业人士评估的数据相去甚远，"根据市盈率水平评估，娃哈哈非合资企业的价值在300亿～600亿元之间（中国上市公司的消费品市盈率区间30～60倍），达能要获取51%的股权并取得经营管理实际控制权需要150亿～300

亿元的出价"。

2009年5月21日,浙江省杭州市中级人民法院作出终审裁定,驳回达能关于撤销杭州仲裁委员会裁决书的申请。娃哈哈和达能有关"娃哈哈"商标所有权的争夺战尘埃落定,"娃哈哈"商标归杭州娃哈哈集团所有,达能败诉。在这场耗时长久的争夺战中,娃哈哈能够胜出,恐怕民族牌也出了不少力。

在宏大叙事中寻找一个恰当的细微切入点调动利己的情绪并不容易,而民族感情牌是较为恰当的制高点。

美国学者爱德华·萨义德有一句话:"我们所有人都毫无例外地属于某个民族、宗教或族裔社群,不管如何高声抗议,都无法超越联系个人与家庭、社群(当然也包括民族)的联系。"民族情感是一种强烈的认同式集体情感,能够快速将各种不同阶层的人黏合起来,形成强大的向心力。

当然,民族情感并不属于市场规则的范畴,甚至是与市场规则格格不入的。但是,不可否认的是,它仍然是当前中国市场文化的一部分,而且,借用民族感情,不少企业可以更好地解决危机。

有一个广告人说过这样一句话,把奶油抹到狗屎上当蛋糕卖,是欺骗;但如果把手表当装饰品卖,则是艺术与技巧。适当的时候,在不突破道德与法律底线的前提下,打打民族感情牌,也是一个不错的选择。

"切割法"的安全阀作用

有这样一个故事,在山间丛林中,一只老虎不幸落入猎人设置的索套之中,挣扎了很久,它都没能把自己的脚掌挣脱出来,猎人步步逼近,情况危急,老虎只得奋力挣断被套住的脚掌,忍痛离开了这危机四伏的危险地带。老虎断了脚掌疼痛难忍,但若保全脚掌,则不得不付出生命的代价。这就是断尾求生,是危机时刻进行的切割。当企业发生危机饱受争议时,就需要问责,找出一个靶子,也就是通过"切割法"对企业进行"去罪化"。

"切割法"指的是,通过对企业危机从不同角度进行切割,逐渐减少危机管理的难度,实现突发事件损失最小化。切割法包括三种方法:一是纵向切割法,即从量上进行控制,如通过数量的增减;二是横向切割法,即从面上进行控制,如整体与局部的切割;三是斜向切割,从时间上进行控制,如新与旧、长与短的切割。三种方法的目的都是为了控制突发事件,不要让它放大,用通俗的说法表达就是"大事化小、小事化了"。

　　不管发生什么样的危机,一旦危机发生,企业都要学会"切割管理"。一旦发生事故,企业就需要建立防火墙,切断事故与企业的联系,把事故的严重性尽可能降低到最低程度。如果事故发生在企业的某个部门或者某个市场,企业就需要进行整体与局部的切割。而在时间维度上,企业则需要进行新与旧的切割,快速出击,及早恢复正常的生产经营活动,进而消除事故和危机带来的影响。

　　在上节中提到的丰田汽车"召回门"事件中,丰田汽车就在舆论处理上巧妙使用了切割法。

　　丰田汽车一直强调并不是所有车型都出现质量问题,只是限于某种特定的车型,将危机巧妙地进行了整体与局部的切割。在中国,丰田章男把危机范围锁定在 RAV4,并将其正式召回。而在美国听证会上,丰田章男对各种批评都一概接受,但有一点却坚持不松口,即车辆突然加速的原因。丰田车突然加速,他解释为两个原因,即脚垫问题和油门问题,这就是在与丰田的电子控制系统问题进行切割。如此坚持,只为了给人们一种印象:质量问题,只涉及某个零部件,与汽车整体质量并无多大关系,即表明,丰田汽车即使有质量问题也只是局部的,不涉及关键问题,只是生产上出现了纰漏。只要人们没有对丰田汽车完全失去信心,随着时间的推移,丰田汽车将可望恢复元气。如此进行危机切割,丰田汽车也算棋走高招。

　　当企业家个人发生危机时,为避免企业受到更大的牵连,企业也应尽量将企业家个人危机与企业切割开来,避免企业家个人危机蔓延到企业中。

　　2004 年 11 月 30 日,香港廉政公署在代号为"虎山行"的行动中,拘捕了"涉嫌盗取公司资金"的创维董事局主席黄宏生。当晚,创维董事局副主席张学斌及公司多名高管就召开紧急会议,商议对策,并在深圳创维大厦紧急约见媒体。同时,还于 12 月 5 日在北京召开新闻通报会,告诉人们创维整个集团的各项事务一切运转正常，不会因此受到不良影响。由于创维决策层的快速反应，创维躲过了被"黄宏生被拘"事件牵连这一劫。

当然，切割法并不适用于所有的危机，一旦切割过度，就可能弄巧成拙。

第一，切割危机时，如果危机和自己有牵连，就不能将自己的责任推卸得一干二净。

2008 年的"3·15"晚会中，分众传媒旗下的无线广告媒体子公司分众无线被指为垃圾短信的重要源头和泄露手机机主个人资料的始作俑者，由此引爆分众传媒的危机。晚会对分众无线的曝光，不但把分众无线推向了危机警戒线，其母公司分众传媒也受到了巨大的负面冲击。

"3·15"晚会掀起的"短信门"事件，导致分众传媒股价周一在纳斯达克下跌了 11.66 美元，报收于 32.19 美元，跌幅达到 26.59%，于盘中还创下今年新低的 29.25 美元。股市下跌只是"短信门"带给分众传媒危机的简单表象。分众无线的危机已蔓延到分众传媒，如果分众传媒处理失误，将会有更大的危机出现。

然而，分众传媒董事长江南春危机处理脚步踉跄，尚需"补钙"。

分众无线被"3·15"晚会曝光后，江南春一直在幕后迟迟未露面，三天后才发表了致歉声明。做了长达三天的"鸵鸟"，江南春的解释是期间他正忙于进行公司内部审查，然而，这种理由显然牵强。而且，江南春声称，分众传媒并没有批准分公司在未获得用户同意的情况下发送广告信息。与此同时，江南春也作出解释，承认发送短信广告用的是企信通的通道，这一行为是错误的，但并不是分众传媒所为，是子公司的错，要严肃处理。

江南春对外宣称发送短信广告的行为是子公司的错，他的这一做法是"舍小保大"或者断尾求生。但子作孽，母难辞其咎。分众传媒急于把责任推卸给分众无线的做法，既缺乏与媒体、公众沟通的诚意，又有欲盖弥彰或者推卸责任的嫌疑，反而给自己贴上了不负责任的标签。

第二,慎用将危机分摊给他人的"潜规则"法。

2008 年 7 月下旬,一篇发表在天涯论坛上的名为《康师傅:你的优质水源在哪里?》的网友文章,引发中国整个矿泉水行业的轩然大波,尤其对于文章事件主角康师傅更可谓石破天惊。

该网友称,他潜入康师傅杭州水厂"探秘"发现,康师傅矿物质水在其新推的广告中声称"选取了优质水源",但其实是自来水灌装的。文章发布后,众多新闻媒体纷纷报道或转载此消息,网友更是指责康师傅涉嫌虚假宣传。

在许多人心中,市场销售的矿物质水就是矿泉水。谁曾想到,它不过是用自来水加工生产的矿物质水。比受欺骗更可恨的是,业内人士并不确定这些矿物质水是否能保证人体健康。而对矿泉水行业的企业家来说更可怕的是,消费者是否会产生联想,将质疑扩展到康师傅之外的品牌和产品上去?如果康师傅面对危机处理不当,事态蔓延,对所有矿泉水企业来说就是一场灾难。

这些文章有可能是竞争对手的恶意之举,有可能来自企业内部员工不满的抱怨,也有可能是具有正义感的网友的曝光。无论是出于哪种目的,如果企业不能以最快的速度找到文章源头,及时进行处理和补救,一旦文章影响蔓延,后果不堪设想。

但是,康师傅拖了许久后才进行回应。

针对"为何拖这么久才道歉"的疑问,康师傅公关经理表示,之所以未在"水源门"事件初期就站出来大方承认,主要是担忧这样做会对整个行业造成负面影响,"康师傅作为包装水行业的主要企业,担心事件发生后,企业迅速站出来作出回应的话,会损害整个包装水行业的利益,对产业发展不利"。

这样的回答听起来是站在一个"以大局为重"的高度,暂且不论是否出自于真心,但康师傅的这份"古道热肠"早已被之前自己的言论出卖。其结果就是,康师傅不仅没有保护所处的行业,反而亲手揭开了行业的潜规则,并把其放在太阳可以照射到的地方，将局限于自身的企业危机演变成打击面更广的行业危机。

在之前的道歉中，康师傅就提到"自己生产的矿物质水和大部分饮料行业及瓶装水行业所选用的水源一样，皆为公共供水系统"，意思是告诉人们，"被告席"上不应该只有自己，大部分同行也无法独善其身。上海饮料行业协会秘书长刘玉兰也透露，用自来水净化后灌装目前在国内远不止康师傅一家，部分企业供应的矿物质水实际上都是这样生产出来的，并人工添加矿物质，尤其是瓶装水，"部分工厂都建在城市，而城市又哪有那么多水源？只有自来水"。

从水本身的属性与功能而言，最基本的功能就是维持人体代谢平衡，直白的表达就是解渴，这也是饮用水的最核心价值。而从水行业的诉求来看，最低的满足层次是安全需求，即一种水能满足人们的生理需求，不会因为喝了该水而生病。

康师傅矿物质水已推向市场多年，从未发生因饮用而威胁消费者生命安全的情况，从这个层面来看，康师傅还算一家基本合格的饮用水厂家。但恰恰是其宣扬的"优质水源"，对产品进行的扩大且虚假的宣传，挑战了消费者安全需求的底线。

同样使用自来水，其他品牌、厂家就没有在"血统"上大做文章，而是埋头默默使用自来水，他们低调的作风确保了他们不会引火上身；而康师傅对"优质水源"的高调宣传，却让自己成为"出头鸟"，被众人追打之后，只能暗自叫冤。无论怎样，"水源门"事件的发生也只是时间早晚的问题，但一个"优质水源"的广告却让康师傅成了此事件的主角。

自己被困在浑浊不堪的泥潭中，看到同行们衣着光鲜地行走在岸上，康师傅心中自然不平衡，想要把他们也拉入泥潭中的想法更为迫切。既然，独乐乐不如众乐乐，那么独哀哀也不如众哀哀，打定主意的康师傅向《每日经济新闻》承认,其杭州生产基地所生产的矿物质水确实是城市自来水净化而成,同时还向记者透露,用自来水加工生产矿物质水在业内已成普遍现象。

危机具有连带效应,如同向水中掷投石子,其冲击力远远不止落水的那一刹那,水花会溅起水花,波纹也会荡起波纹。尤其是标杆企业,其危机更具有多米诺骨牌效应,容易导致同行业危机并发。当年,山西假酒对整个山西省白酒带来巨大冲击;而欧典被曝光后,也引发了一场地板行业的强烈地震。因此,从某种程度上来说,康师傅"水源门"事件是企业危机,更是行业危机。

揭露行业潜规则,是一种临死还要拉垫背的行为,让诸多同行防不胜防,有些厂家原本想拉当事企业一把,不想也被其反咬一口,自己难堪之余,谁还想再趟这浑水?行业内本是既有残酷的竞争,也有一致对外的保护壁垒,一家企业将行业老底和盘托出,没有撇清自己又攻击了同行,将自己置身于孤立无援、四面楚歌的境地。这样的危机公关,实在是一大败笔。

不过,从另一个层面来看,康师傅"水源门"事件也敲响了行业警钟,是危机留给社会的"福利"。

一种潜规则的形成往往需要"始作俑者",然后再由少及多,由小变大,从而不断发展壮大。在此过程中,有一个充分必要条件,就是逃开监管者的眼睛,否则便会被扼杀在萌芽之中。当某一不法行为已经成为行业潜规则时,就表示,这一行为已经成功避开市场监管者的监督。这种情况的发生无异于是对执法者的挑衅,执法者应当以此为戒,加强监管,避免行业"潜规则"一再发生。

离经叛道是一门艺术

2009 年 2 月，在以色列最高文学奖耶路撒冷文学奖的颁奖仪式上，获奖者村上春树发表了一段出人意料的意见：

请你们允许我发表一条非常私人的讯息。这是我写小说时一直记在心里的东西。我从未郑重其事到把它写在纸上，贴到墙上，而宁愿把它刻在我内心的墙上，它大约如此：

"在一堵坚硬的高墙和一只撞向它的蛋之间，我会永远站在蛋这一边。"

对，不管墙有多么正确，蛋有多么错，我都会站在蛋这一边。其他人会不得不决定，什么是对，什么是错；也许时间或历史会决定。如果有一个小说家，不管出于何种理由，所写的作品站在墙那边，那么这样的作品会有什么价值呢？

到底是做墙还是做蛋,这是很多企业家在与外界互动时,需要斟酌的尺度。

连王石自己也没想到,一向以地产明星走秀,屡屡走过短信门、房产行业洗牌等危机的关口的他,竟栽在"捐款门"上。

汶川大地震发生后,诸多企业纷纷慷慨解囊,尤其是捐款上亿元的企业更是在坊间蹿,而捐款较少的企业则要被扣上"吝啬"、"社会责任感差"等诸多帽子了。

2008 年 5 月 12 日万科集团总部决定捐款人民币 200 万元。正是这"200 万元"如鲠在喉,刺痛了很多人的眼。万科也由此遭到网友的炮轰,认为万科财大气粗,仅 2007 年,销售额就超过 523 亿元,捐 200 万元未免太过小气。还有网友呼吁万科追捐,不要显得太过抠门,更有甚者,扬言不再买万科股票,也不再买万科楼盘的账了。

社会舆论几乎一边倒地指责王石缺乏社会责任感。5 月 15 日,王石在博客上发表博文《毕竟,生命是第一位的》,对万科的行为作出解释。博文中,王石称:"作为董事长,我认为万科捐出 200 万元是合适的。这不仅是董事会授权的最大单项捐款数额,即使授权大过这个金额,我仍认为 200 万元是个适当的数额。中国是个灾害频发的国家,赈灾慈善活动是个常态,企业的捐赠活动应该可持续,而不应该成为负担。万科对集团内部慈善的募捐活动中,有条提示:每次募捐,普通员工的捐款以 10 元为限。其意就是不要让慈善成为负担。"

王石对慈善标新立异的解释,不但没有得到人们的理解,反而进一步加剧了公众对王石的不满。社会心理的变化,很快反映在万科的销售业绩与股票上,万科和王石个人都面临着信任和品牌危机。为扭转局面,5 月 21 日,万科发出"补捐"公告,称将支出 1 亿元人民币参与四川地震灾区的临时安置、灾后恢复与重建工作。同时,王石也在临时股东大会上表示无条件道歉。事后，王石感慨道："地震时我的一个帖子，使原来还是一个知名、受人尊敬的企业家几乎立刻变成千夫所指……"

树欲静而风不止，危机也具有后发效应，补捐1亿元的万科尽管得到了部分人的谅解，但有人仍然对此耿耿于怀。王石依然被笼罩在"捐款门"事件的阴影中，而那"捐款1亿元"的危机公关并没有对消除危机起到立竿见影的作用，"捐款门"对人们心理层次的影响仍然存在：

王石，以后不要犯众怒，中国是一个有5000年文明历史的国家，有些东西，你不能拿它去哗众取宠，这是要栽跟斗的。你们伤的是13亿同胞的心，你们公司的形象不能靠1亿元赎回来，13亿同胞也不差你那1亿元，差的只是你一颗滚热的赤子之心！

早知今日，何必当初！是不是王董没有想到汶川的灾难会这么大啊。

王石我告诉你：毛主席说过，群众的眼睛是雪亮的，希望你不要自作聪明，踏踏实实走下去，再美的语言不如行动。

花1亿元就能圈到大批的土地，大家看看万科选的地方就知道了。为什么不选汶川呢？那种穷地方，圈了地也赚不到钱。

……

汶川大地震，使得人们的爱国主义与民族主义情绪空前高涨，一点火星，都会引发愤怒的炸弹。万科的自我辩解式危机公关使得公众的愤怒再次升级，不但没有平息众怒，反而引火上身了。

此时，公众已经对万科形成了刻板印象。即使万科后来不断做出赈灾善举，如王石亲赴四川灾区视察，并在四川绵竹县遵道镇，向万科员工和灾区人民道歉，并表示万科将"追捐1亿元"参与灾后重建。但此时的万科，信誉已跌入低谷，追捐1亿元同样受到人们的质疑。

万科的王石最擅长作秀，并且他之前的作秀很成功，以至于他几乎成为了万科的招牌。但王石在这次赈灾中的作秀,却最终从"独辟蹊径"演化为裸奔了。虽然王石这次吸引了比以往更多的眼球,但却不仅遭到人们的集体封杀,同时也摧毁了万科多年苦心建设的信用大厦。

大灾面前,众志成城,企业捐赠义不容辞,这既凸现了企业的社会责任感,更是企业以不容置疑的强大力量促使社会意识觉醒的诠释。尽管捐款的原则是"可多可少,重在爱心"。但一旦捐款的数目被公布于众,捐多捐少就往往成为人们权衡爱心分量的天平了。当民族情绪高涨的时候,任何冷水,都有可能激发空前的愤怒与不满,此时企业家最好"识时务"一些。或许若干年后,回过头来再看王石的话,会有不少人认同王石的观点。但王石走得太过超前,而且又是在民族情绪高涨的关头,过于理性反而会伤害到自己和企业。

也是在 2008 年,外企雪铁龙也因为不合时宜的广告而受到社会舆论尤其是华人圈的"封杀"。

2008 年 1 月 8 日,西班牙《国家报》刊登一整版的法国雪铁龙汽车广告,然而广告画面的主角却是中国已故领袖毛泽东的照片,而且毛泽东的形象被肆意篡改。这则广告不但在日发行量达 10 万份的《国家报》上整版刊登,在西班牙其他全国性和地方性的报纸杂志上也有刊登。

广告立刻在华人圈和国内网络掀起轩然大波,国人认为雪铁龙广告轻慢了中国领袖,属于恶搞行为,雪铁龙必须道歉。短短几天时间内,雪铁龙成为了"中国人公敌",被中国消费者封杀。新浪调查显示截止到 1 月 16 日,在新浪有 36502 人参加的调查中,有 57.3％的人认为雪铁龙广告轻慢中国已故领导人是故意行为;有超过 56.72％的人认为即便雪铁龙就此事道歉也不能谅解;有 67.44％的人表示以后不会购买雪铁龙的汽车。

一则广告在西班牙扇扇翅膀,就在华人圈和中国国内引起风暴,广告的影响力已远远超过了它本身的宣传目的。由于沸沸扬扬的媒体炒作及街头巷尾的闲聊，雪铁龙的知名度再上阶梯。但毋庸置疑，这种知名度的提高是海量负面信息传播堆砌的产物。因此，雪铁龙广告事件不是为品牌镀金，而是抹黑。

尽管经过一段时间的沉默，雪铁龙作出了道歉声明："由于雪铁龙在西班牙所刊登的广告而引起的不快，雪铁龙对此表示遗憾，并向被该广告所伤害的所有人表示歉意。雪铁龙在得知该地区所刊登的不合适的广告后，便立即要求停止该广告的刊登。雪铁龙重申对中国的友好感情，并确认高度尊重中国的代表人物和中国的象征。"但让中国人消气，绝非易事。

在中国，毛泽东已成为中国政治文化的重要组成部分。对于毛泽东的认同已深入人心，如"毛泽东领导下的中国革命是人类历史上最壮丽的史诗"，"主席的著作推动了一个民族，改变了整个世界"。直到现在，对于大多数中国人而言，毛泽东还是他们心中最崇敬的领袖：家中墙壁上贴着毛泽东的画像；车上挂着毛泽东像……对领袖的崇拜已根深蒂固，容不得有半点亵渎。在国外很多国家，人们可以通过种种方式肆意篡改甚至丑化总统等领导者的形象，但这在中国则是"冒天下之大不韪"。

雪铁龙触及的是政治文化这根高压线，而政治文化又很容易被提升到民族主义的高度，很容易引起人们的关注，再加上网络的长尾效应，最终使得不利于雪铁龙的负面信息铺天盖地而来。

全球化要把世界经济变成一块平板。的确，有很多市场规律放之四海而皆准，单凭一国的力量难以抵制。正如曾经的印度领袖甘地的"非暴力不合作运动"，如果搬到今天的经济舞台，只能被理解为狭隘的民族主义。但是，纵使经济规律可以横扫千军，也要明晰，长袖善舞需要舞台，经济规律的运行更要有载体，没有任何经济规律能够在空气中创造出生产力。跨国公司在进行攻城略地时，不但要遵行经济规律，更要考虑经济规律运行的市场环境，其中，消费者的政治文化背景就是一个需要慎重考虑的因素。无论在哪个国家,政治文化都是根高压线,一旦触及,其后果往往不堪设想。

创新是企业家特有的工具,是企业家精神中不可或缺的基因。越来越多的民营企业家,正认识到创新的进攻优势。不过,任何创新,其标新立异的尺度都不能与时代脱节。一旦脱离时代,任何标新立异包括言论上的创新都有可能遭到时代的抛弃。

2010 年年底,网络上盛传着这样一个故事:

一位大爷在农贸市场买西红柿,挑了三个放在秤盘里,摊主称了下说:"一斤半,三块七。"大爷说:"我就做个汤,太多了。"说完去掉最大的那个西红柿。摊主迅速又瞧一眼秤子,"一斤二两,三块"。大爷从容地掏出了七毛钱,拿起刚刚去掉的那个大的西红柿,扭头就走。

换个"说"法,世界大不相同。不过,话语创新也要有道,要有张有弛。

与政治保持不温不火的距离

企业家，要掌握与政治打交道的艺术。

冯仑在《野蛮生长》里有这样一段话："有人开玩笑说，商人和政府的关系是'离不开，靠不住'。怎么理解呢？大陆经商离不开政府政策的支持，想离你也离不开；你又不能完全靠政策养着来发展，想靠你也靠不住。政府在这一领域里跟商人打交道，你可以发出意见的声音，但是表达的前提是愉悦的，服从的，快乐的，偶尔夹带出一些娇嗔（所谓意见和建议）的，因为这也是历史的进步。但你不应该抵触而变成高声呐喊……"换句话说，企业与政治的距离就像手中的沙子，太松了，沙子会漏出来；攥紧了，沙子也会漏出来。适度最好。

经济的高速发展，仍然掩盖不住中国商业传统的弊端。天下兴亡，匹夫有责。中国商人骨子里包含着济世的使命感，古人大多奉行"商而优则仕"

的古训,经商并非最终目的,而是通往仕途的一个驿站。直到近代,才出现一批所谓的"民族企业家",打着"实业救国"的旗号,踏上振兴民族经济之路。

市场经济的无形之手和政府的有形之手,市场竞争的经济规律和执政党的政治规律,一并构成了中国企业特殊的游戏规则。民营企业家如果想要在这场游戏中取胜,就必须处理好与政治的关系,把握好与政治之间的距离。

在公共场合传递出来的言语,是斟酌与政治之间的距离中非常重要的一部分。

其一,商人就是商人,要避免作秀太多,尤其是混淆商人的界限,把自己当成一个政治家来包装。

想当年的牟其中,何其风光,自以为智商无人可敌,创办了一度最为著名、发展最快的南德集团。

牟其中有强烈的政治情结,搞南水北调、炸开喜马拉雅、引雅鲁藏布江之水,每一件都是国家大事。当人们对此提出疑问时,牟其中并不以为然:"许多人批评我热衷于政治,甚至推测我有政治野心,真是大谬不然。我发表政治言论都是被逼出来的。有人诬蔑民营企业家是新生资产阶级,一律具有'原罪',是盗窃国有资产的骗子,不少人可以视而不见、听而不闻,但我这个缺乏'涵养'的山村匹夫做不到。打上门来了,总是应该自卫的。"

但牟其中的谎言,被其行为一一戳破。在"文化大革命"时期,牟其中就曾因一篇探讨中国命运的《中国向何处走》而被关入监狱。货物易飞机事件之后,牟其中以"资本运营"先驱自居,迷失在"政治化的幻梦"之中。从此,他再也没有做过一笔生意,而是到处演讲许诺"中美关系"、"中俄关系"、开发满洲里等演讲主题,都贴上了鲜明的政治标签。

与一般企业相比,南德集团的机构设置也颇有政治意味:办公室叫办公厅、法律处叫监察部。他还招揽全国各地官员和学者,不停举办各种关乎国计民生的研讨会,但与公司业务丝毫没有关系。牟其中,说到底,还是一个狂热的政治主义者。

企业家关心政治本是好事,但过犹不及,正是牟其中对政治的这份狂热,为其日后的失利埋下重重的伏笔。北京大学光华管理学院副院长张维迎一针见血地指出:民营企业发展中的最大隐患不是经营问题,而是企业家的政治化倾向太严重!

也许,曾任南德经济集团顾问的顾健道出了牟其中问题的实质:牟本人并不是一个企业家,而是一个充满野心的政治投机分子,他的素质和他巨大野心之间的落差和他所处的环境,注定了他不可能有成功的机会。牟其中的失败,不是一个企业家的失败,而是一个政治投机分子的失败。

辉煌转瞬即逝,取而代之的是漫长的牢狱生涯。牟其中的失败,部分源于他对自我角色的错误定位。或许,他这样做的目的只是为了以政治作为保护伞,为企业整合资源和获得稳定性发展提供空间。但是,他的话语太嚣张,极力把自己渲染成一个极端政治家,为自己的知名度增添筹码。他忽视了脚下的警戒线,一不小心犯了规,踏进角色错位的陷阱。其结果是,倒下的速度远远超过了他崛起的速度。

退一步讲,如果他在商界做个"大话狂人",至多在舆论上制造些争议,没准还能吸引众人的眼球,成为一种恰当的营销手段。牟其中错就错在把在商界的口无遮拦直接移植到政治的禁区中。一语不慎,便招致巨大危机甚至灭顶之灾。

其二,商人就是商人,别太把自己当成"英雄"和救世主。

与过去相比,企业家的地位得到了很大的提升。

对改革的顶礼膜拜在些许质疑中迅速蔓延开来,消费的欲望不断膨胀,一场空前的经济变革在短短 30 多年时间内,就造成了鸿沟巨大的阶层分野。企业家群体在这样"前无古人后无来者"的时间荒原中腾空而出。这个群体一经出现在历史舞台上,就成为了历史的创造者,成为了商业史中最重要的主角。

虽然企业家的贡献大,但不能就此目中无人。一旦企业家在言行上过于出格,尤其是触犯政治,日子也好过不到哪里去。

华西村的吴仁宝去过大邱庄,禹作敏的作为和成就给他留下了深刻印象。在某种程度上,吴仁宝很佩服禹作敏,但又看不惯禹作敏唯我独尊的做派。他感到禹作敏身上潜伏着某种说不清的危机。私下里吴仁宝对禹作敏直言相劝,话中甚至带有告诫的成分,"老禹,你这一辈子小事是出不了,谁想轻易动你,难。可要出事就可能是大事"。禹作敏一声不吭,抽着烟凝神静听。

"你我这样的企业家是靠改革开放政策,做出了一点成绩。党和人民给我们的荣誉和地位够多、够高了,我们要头脑清醒,要有自知之明,摆正自己的位置。这些话也是对我自己说的,我们共勉!"禹作敏并没有回应。

20世纪90年代初,禹作敏一直都很风光,他领导的大邱庄在"1990年人均收入3400美元,是全国平均收入的10倍。1992年,大邱庄的工业产值据称达到了40亿元人民币"。大邱庄从贫穷到富有的急剧转变,吸引着如潮的参观者和吹捧者。

作为大邱庄奇迹的创造者,禹作敏有些找不着北,他开始无所顾忌地表达对某些权力的不屑。他曾对2位前来考察的官员说:"局长算个球,我要当就当副总理。"6位部长级别的官员到大邱庄开会,禹作敏不接不陪。会议结束后,禹作敏宁肯与熟识的记者聊天,也不愿起身送一下,他挥手表示"不理他们"以表现他的"大气",也被搬上了媒体。禹作敏还曾问一位中央领导:"你看我的办公室比中南海里的怎么样?"香港媒体采访禹作敏:"有人说你是这里的土皇帝……"禹作敏抢过话题说:"我去了'土'字就是皇帝。"

1992 年 5 月,天津市推选出席十四大的代表中,没有禹作敏的名字。6月,媒体上出现了一则由"中共大邱庄委员会"发布的《公开信》:"……第五条,我们声明观点,从今后凡是选举党代表、人大代表我们均不介入,否则会影响其他人选;第六条,天津市主要部委来人,我们一要热情,二要尊敬。但一定要身份证,防止坏人钻空子……第八条,我们的干部职工要顶住三乱,不准乱查……第十条,我们要明白,更要糊涂,明白加糊涂,才能办大事。"

吴仁宝的担心很快得到应验,禹作敏因窝藏罪和妨碍公务罪被捕。被捕之前,这个颇具个性的老爷子包庇犯事者,非法拘留检察部门的工作人员,在武警封锁大邱庄时,命令上万名本村及外村村民持棍棒和钢管把守村口,表示"一旦警察进村,就要全力拼搏"。

之前,当辗转打听到禹作敏愚顽硬顶,可能会出问题时,吴仁宝派华西村党委副书记专程去大邱庄面见禹作敏,以劝说挽救。这位副书记对禹作敏说:"吴书记非常关心你目前的处境,要我转告三句话,一要头脑冷静清醒;二要认错检讨;三要一切按法律办事,贡献再大也代替不了法律。打死人的又不是你,别护着,交出去,事情就不会那么严重。"

"谢谢",自以为是的禹作敏话没听完,将手头的半截烟掐灭捻碎,硬邦邦地说:"我一不出卖大邱庄,二与大邱庄共存亡,准备死在大邱庄!"副书记黯然返回。吴仁宝闻讯,叹道:"他太张扬,锋芒毕露,太不顾及后果。法律就是法律,天王老子也不能触犯。"终于,禹作敏死在狱中。消息传来,吴仁宝深为惋惜。

与禹作敏交情不浅的万向集团董事长鲁冠球也在事后表示:"我们面临经营者的自身素质障碍,这是一道更艰难的障碍。这种障碍的病因是部分农民能人没有充分意识到自己所负载的历史使命,仅仅陶醉在眼前的成功光环中,这样的马失前蹄是非常让人痛惜的。而这一障碍的真正根源,其实是传统的小农意识与现代精神的冲突,显然,我们今天需要一次彻底的决裂。"

目空一切、口无遮拦的人,大部分没有什么好下场。

2009年8月,东星航空被法院裁定破产。2010年4月9日,东星航空有限公司实际控制人、董事长兰世立,因犯逃避追缴欠税罪,获刑四年。兰世立,这个曾经被噱头般扣上"航空狂人"高帽子的民营企业家,于众目睽睽下,摔倒在自己的光环下。

能言善辩的兰世立很会说大话,譬如"东星航空想亏损都难","想飞什么航线就能申请到什么航线"……兰世立不但向公众忽悠东星航空的商业价值,也忽悠到其他企业家和官员头上,并且不服体制,不服官员。

在企业家聚会上,兰世立表示出对股份制改造的不屑:"股权,一人独有才会效率高。不够聪明、缺乏自信和能力的人,像郭凡生(慧聪董事长,当时也在场)那样的,才给大家分股权呢!像我兰世立这样有足够能力的,就一人占100%股份。"

很多时候,兰世立也不给政府部门留面子。在武汉市举行的一次经济论坛上,主席台上坐了一位湖北省的重量级官员。兰世立当场对湖北的投资环境大批特批,根本没给这位官员留一点面子。这位官员怒斥兰世立:"湖北的投资环境不好,那你的航空公司怎么办下来的啊?"

2007年5月1日,在湖北省神农架林区,湖北省一位领导给了兰世立两点建议:

一是要抓好管理。东星这短短几年发展很快,现在我认为要适当放慢点,把基础搞牢固。现在这么大的摊子,靠你一个人是不行的,要有几个骨干挑起来……二是要严谨。你要谨开口慢开言,祸从口出啊!东星是大公司了,大公司要有大公司的形象和言行,说出的话、做的事情要考虑别人的感受。建议你看看松下幸之助的传记,学学他是如何做人的……

也是在 2007 年，兰世立因为光谷中心花园"一女二嫁"事件（兰世立以光谷中心花园的土地使用权和在建过程作抵押，向农行武汉江南支行贷款 1 亿元用于建房，这笔巨款却被兰世立挪用筹建东星航空。而且，兰世立处置抵押物时，也没有还农行的钱）被拘押。从看守所被释放时，湖北一位官员警告他："其他人被关押在看守所的时候，或多或少都有为他说情的，只有你兰世立，没有一个人为你说情。你没有一个朋友。"

除了前面提及的"一女二嫁"事件，兰世立还要挟过政府。2006 年，东星下属公司东天物业公司完成对武汉纸贺公路的投资建设，并将其股权及收费权转让给武汉市交通委。武汉市交通委称，东星需把公路经营权、收费的证件上交后，才能将 4500 万元转让金支付给东星。但东星航空将证件作为抵押品放在银行，因此无法获得转让金。兰世立就命令 200 名员工，到武汉市交通委大楼电梯口静坐。武汉交通委被逼无奈，只得把钱给了兰世立。

中国的商业环境很独特，企业家不但要念好"商业经"，还要上好"政治课"。出身于草根的民营企业，往往在政商博弈中处于弱势，处理不当，就会碰得头破血流。

所以说，对于民营企业家，不管他的企业做得有多大，个人品牌有多响，都要对所处的商业环境有一个清晰的认识，学会防范商业思维之外的种种风险。对于政商关系，不是只有利润就能摆平的，要有战略和策略，能伸能屈，能进能退。唯有如此，才能在错综复杂的政商博弈中游刃有余。

不良的政商关系，是企业发展的绊脚石，企业发展会因此步履维艰，甚至有可能陷入破产的困境。而良好的"政商"关系，能够使有潜力的企业获得政策支持，从而得到更好的发展，政府也能通过支持发展起来的企业，获得更多的税收，提高就业率，从而实现政商双赢。

离开政治，企业谈不上更快更好的发展；但另一方面，企业家也不能驾驭政治资源和形势变化。所以企业只能理智并清醒地对待政治,并用之有度。企业家唯有与政治保持适当距离,才有可能在激烈的竞争中,成就不败的神话。联想的柳传志、万向的鲁冠球等都是其中的代表,现在他们依旧笑傲企业界。

还是那句话,企业家与政治的距离就像手中的沙子,太松了,沙子会漏出来;攥紧了,沙子也会漏出来,适度最好。

后记　提高舆商，也是政府的必修课

需携带舆商这股新生内在力量上路的，不仅有企业，还有政府。提高舆商，也是政府的必修课程。

因为政府与企业一样，同样置身于愈加复杂的舆论环境中。现实的复杂性，舆论工具的快速传播性，导致突发事件在数量上突飞猛进，影响力也不断趋向重量级。尤其是具有强大催化作用的网络舆论的出现，更是加大了政府应对舆论的难度。鉴于网络舆论强大的功能，越来越多的人开始借助网络舆论这一工具，制造新的危机，引起相关部门的关注，借此实现"以危化危"，即制造新的危机化解原来的危机。即使是在政府部门看来微不足道的一件小事，经过网络的发酵，也有可能会被催化为轩然大波。

2010年4月，一张"千人下跪"的照片出现在各大网络论坛上，引起了人们的广泛关注。4月13日早上7时左右，数百名村民聚集到辽宁省庄河市政府办公大楼集体上访，要求市长出面接待。市长拒绝露面，村民于是在政府大楼门口集体下跪，持续时间约半小时。"千人下跪"事件引发巨大的舆论压力，不久庄河市市长迫于压力而辞职。

然而，有些政府部门现有的舆商还不足以应对一些突发事件的发生，他们不注意舆论处理的艺术，仍然在旧式危机管理中徘徊，试图以权力与突发事件硬碰硬。企业在处理舆论上所犯的错误，也经常在政府身上发生。

在政府官员头脑中存在一种惯性思维，即发生事情后抱有侥幸心理，走鸵鸟般的逃避道路，对事情能隐瞒则隐瞒。许多领导不了解现代媒体特别是互联网的发达程度，还只是停留在电视、报纸层面，寄希望于找找关系塞一个红包就能将事情摆平。殊不知，社会化舆论因其受众面广、影响广泛且言论自由等特征，已经深入到社会的每一个角落。

隐瞒真相、推脱责任、反应迟钝等种种错误的应急方式延误了切割危机的黄金时间，导致危机蔓延。

2008年6月21日，少女李树芬在贵州瓮安城郊西门河跳河自杀。由于瓮安警方未及时公布事件真相，将跳水少女家属怀疑奸杀李树芬的3名嫌疑人释放，从而导致家属与当地警察的矛盾升级，也引起当地群众的不满。少女溺水7天后，人们拉起"为民申冤"的横幅，组成游行队伍强行进入瓮安县公安局，游行人群与拿着武器的警察发生冲突。整个瓮安县城一片喧嚣，浓烟滚滚。直到上千名武警被急派到瓮安，混乱局面才得以控制。

不但政府部门在处理公共事件时要注意与公众保持畅通的沟通渠道，同时政府官员个人也应像企业家一样，注意自己的言行。知道什么话该说，什么话不该说。

2010年10月8日，媒体上出现了一篇《风水惹的祸？重庆官员与开发商博弈》报道，称重庆市江津区委书记王银峰要求当地一个楼盘"水映康城"项目停建。报道中还列举了王银峰不少与其政府官员身份不相称的言语，如："你懂不懂风水？在这个地方你的建筑起来了，就挡了政府的办公楼。这里是衙门！你要建在这里的门口？"在后来的新闻发布会上，王银峰信誓旦旦地否认媒体之前的报道："怎么会讲这样的话，如果他们说确实有，这两天他们可以把他们的录音放在网络上让大家听一听。"没想到，开发商还真"听话"地把录音放在网络上了。在录音中，王银峰竟称："你知道重庆为什么打击黑恶势力不？你知道什么叫恶不？跟政府作对就是恶！"

在报道中，王银峰以一个毫不讲理的强势角色出现，既丢了其个人的面子，又丢了当地政府的面子。

政府官员更要洁身自好，言行不能凌驾于法律之上，更不能偏离道德法则，甚至稍过激的行为都有可能引起公众的关注和不满，引发大危机。的确，借助政府的权威性和合法性，官员个人的地位相对强势，他们拥有更强的话语权，也能动用更多的资源进行危机管理。同时，在功能强大的网络舆论面前，官员与企业家，同样处于弱势地位。明白自己的弱势地位，官员说话就得悠着点。

更令人担忧的是，政府的公信力不断下降。

2010 年春节前后，一条"地震即将发生"的谣言竟"忽悠"了大半个山西。由于一条"家人们，明天早上 6 点以前太原地区有地震，请大家一定要注意，并转告身边的朋友们，切记！！！"的谣言短信，2 月 21 日凌晨，山西省几十个县市出现成千上万人扶老携幼冒着严寒来到户外空旷地带"等地震"的"奇观"。尽管地震谣言发生后，山西省政府进行了辟谣，但并没有阻止谣言深入人心。

许多人宁可相信不明来源的短信，也不相信官方言之凿凿的澄清。这是一个非常危险的信号——政府的公信力在下降。政府公信力下降，意味着政府的话语在老百姓心中没有了分量。那么，政府以后的执政与执法，即使是公正公平的，老百姓也有可能在心中画个问号。

　　"华南虎"事件、"钓鱼式执法"、"躲猫猫"事件……一系列损害政府形象的突发事件，都在瓦解着政府的公信力。公信力容不得瓦解和透支。公信力是政府执政的基础，一旦政府丧失了公信力，造成的不良影响是难以想象的，这应该引起相关部门的警醒。

　　而要提高政府的公信力，提高政府的舆商是重头戏。提高政府舆商的方法，与提高企业的舆商并无本质上的差异。政府要学会顺"势"而行，利用传统媒体、门户网站、论坛、博客、微博等，在口径一致的原则下，充分与公众互动，表明政府的态度，公示政府采取的措施等，以提高公信力。

　　事实上，政府已逐渐认识到提高舆商的重要性。比如，中国各政府部门正在大举进军"微博"这个新兴媒体。广东、河北、北京等地的公安机关于2010年开通微博听取民意、汇集群众智慧。不少政府官员也赶时髦开通微博，与公众进行更为直接、亲切的沟通。江苏省委宣传部副部长、文化厅厅长章剑华几乎天天更新微博："我很少看电影，但妻子听说《让子弹飞》非常好看，非看不可，我只好陪她去看。看毕，我问她：'好看吗？'她却问我：'你说呢？'我说：'我不敢说不好看'……"让人看到刻板、严肃的官员也有幽默、生活化的一面。广东惠州市委书记黄业斌开通微博后表示："网友的问题，不要过滤，原汁原味地抛给我，哪怕是骂我也行！"微博问政，越来越成为政府机构、官员与民众互动的有效媒介。

　　《名利场》杂志编辑大卫·弗雷德说："以前，政府总是会倾向于控制信息，可是现在，普通人拍摄的照片突然之间改变了一切——普通民众似乎掌握了话语权。不管你现在在做什么，你都要负责任，因为你会被人看到。"

　　通过提高舆商，政府能够改变错误舆论处理方式，以一种更为合理、和谐的艺术手法处理公共事件，维护官员个人形象和名誉。因此，舆商这门课，政府部门也不能错过。

图书在版编目(CIP)数据

舆商：企业如何应对舆论/艾学蛟著. —杭州：浙江大学出版社，2011.10

ISBN 978-7-308-09047-6

Ⅰ.①舆… Ⅱ.①艾… Ⅲ.①企业管理—公共关系学

Ⅳ.①F270

中国版本图书馆 CIP 数据核字（2011）第 172892 号

舆商：企业如何应对舆论

艾学蛟 著

策 划 者	蓝狮子财经出版中心	
责任编辑	胡志远	
文字编辑	陈静毅	
出版发行	浙江大学出版社	
	（杭州市天目山路 148 号　邮政编码 310007）	
	（网址：http://www.zjupress.com）	
排　　版	杭州大漠照排印刷有限公司	
印　　刷	浙江印刷集团有限公司	
开　　本	710mm×1000mm　1/16	
印　　张	14.25	
字　　数	182 千	
版 印 次	2011 年 10 月第 1 版　2011 年 10 月第 1 次印刷	
书　　号	ISBN 978-7-308-09047-6	
定　　价	38.00 元	